경희대학교 아프리카연구센터 총서 4

아프리카의 신화와 전설

중부 아프리카편

홍명희 편역

도서출판 디 시 랑

홍명희

경희대학교 프랑스어학과 교수
경희대학교 아프리카연구센터 소장

저역서 및 논문
『아프리카의 상징철학 아딘크라』(공저)
『나이지리아 남부 민담들』
『아프리카의 신화와 전설 – 서부 아프리카편』(공역)
『상상력과 가스통 바슐라르』

「국내 아프리카연구의 현황과 전망」
「신화와 예술의 창조」
「몽상의 신화적 특성」
「신화의 영속성과 상상력」
외 다수

※ 이 저서는 2016년 정부(교육부)의 재원으로 한국연구재단의 지원을 받아 수행된 연구임(NRF-2015S1A5B4A01036581)

역자 서문

신화는 인간의 상상력이 만들어낸 이야기라는 점에서 인간의 모든 것이 투사되어 있는 텍스트이다. 신화 속의 이야기에는 인간 세상의 법칙이 암시되어 있고, 그 속에 살고 있는 사람들의 세계관이 반영되어 있다. 신화, 전설, 민담 등 다양한 형태로 전해지는 이 이야기들은 현실 세계에 기반하고 있는 상상력을 통하여 현실 세계의 모습을 드러낸다. 이 이야기들은 현실의 세계와 동떨어진 세계를 이야기하는 듯하면서도, 실상은 인간의 욕망과 인간의 미래에 대한 희망을 이야기한다. 이러한 이야기들을 통해서 사람들은 일상적 관심에서 배제되어 있었던 타자들과의 관계를 의식하게 되고, 자신의 위치를 되돌아보게 되는 것이다. 그렇기 때문에 한 사회의 신화는 그 사회에 사는 사람들의 가치관과 삶의 지혜를 표현하는 동시에, 그 사회의 제도나 관습의 청사진을 보여주는 경우가 많다. 즉, 신화는 그 사회의 세계관을 나타내는 것이다.

신화가 신화로서 인정받게 되는 것은 신화가 그 사회의 구성원들 모두가 공감하는, 삶의 근원적인 원동력으로 작용하기 때문이다. 즉 신화는 단순한 이야기로서가 아니라 대중의 공감대를 통해 삶의 방향을 제시해주는 지표로써 더 큰 의미를 갖는다. 그러므로 진정한 신화는 완벽한 서사적 논리를 가지고 있는 이야기가 아니라 그 신화를 간직하고 있는 민족의 공감대 속에 살아있는 생명력을 가지고 있는 이야기들이다. 이러한 관점에서 볼 때, 아프리카의 신화들은 그 원시적인 생명력을 고스란히 보여주고 있다. 그리오(griot)라는 암송시인들에 의해서 주로 구전으로 전해지는 아프리카의 이야기들은 아프리카인들이 공유

하고 있는 정신세계의 내용을 담고 있다. 이 이야기들에는 아프리카인들의 역사와 전통, 도덕적 가치관들이 자연스럽게 녹아 들어있다. 예를 들어 아프리카 신화, 전설에 빈번히 등장하는 동물들의 모습들은 동물로서의 원시성을 그대로 유지하면서도 인간의 이성과 감성을 대변하는 독특한 존재들이다. 그들은 때로는 동물로서, 때로는 다양한 모습의 인간으로서 이야기를 끌어간다. 서구 동화에서 흔히 찾아볼 수 있는 단순한 은유나 상징으로서가 아니라, 독자적인 생명력을 가지고 인간의 삶에 개입한다는 점에서 우주의 생명 공동체로서의 아프리카인들의 인간과 동물의 관계에 대한 일면을 엿볼 수 있게 하는 대목이다.

　이 책은 중부 아프리카 지역에서 수집된 신화와 전설, 민담을 번역한 책이다. 이 책은 또한 경희대학교 아프리카연구센터에서 기획하고 있는 아프리카 신화 발굴 프로젝트의 세 번째 결과물이다. 편의상 중부 아프리카 지역의 신화, 전설들을 가봉, 앙골라, 중앙아프리카공화국, 카메룬, 콩고, 콩고민주공화국, 차드 등 국가별로 분류하였지만, 아프리카 국가들의 현재의 국경선이 유럽 열강들에 의하여 인위적으로 형성되었다는 점과, 아프리카인들에게는 아직도 국가 구분보다는 소속 민족의 정체성이 경우에 따라서는 더욱 중요하다는 점에서 볼 때 국가별 분류는 그리 중요하지 않을 수도 있다. 실제로 아프리카 대륙에는 수많은 민족들이 공존하여 왔고, 지금도 아프리카 대륙은 가장 많은 민족들의 집합체이기도 하다. 이러한 아프리카의 민족들은 역사적으로 보면 외세에 의해 강제로 분리되기도 했고, 스스로 넓은 지역을 이주하여 분리되기도 하였다.

그렇기 때문에 아프리카는 단일한 민족이 단일한 국가나 지역에 거주한다는 개념으로는 그 복잡성을 이해할 수 없다. 이 책에서도 볼 수 있듯이 서로 다른 국가와 민족의 신화와 전설들이 어떤 점에서는 서로의 공통된 서사구조를 가지고 있는 것은 그러한 특성에서 기인하는 것일 것이다.

그러나 막연히 '아프리카'라는 이름으로 아프리카의 한 지역에 대한 정보로 아프리카 대륙 전체를 묘사하는 것은 아프리카 대륙을 이해하지 못하는 외부인의 피상적 시각일 뿐이다. 세계에서 아시아에 이어 두 번째로 넓은 대륙인 아프리카는 기존의 막연한 인식처럼 단일한 지역이나 문화권이 아니라 그 넓이만큼이나 다양한 모습을 간직한 대륙이다. 각 지역별 신화와 전설을 비교해보면, 아프리카인들이 오랜 세월 동안 어떻게 각자의 방식대로 자연과 조화를 이루며 지혜로운 삶을 영위해 왔는가를 알 수 있다. 경희대학교 아프리카연구센터가 『아프리카의 신화와 전설』 시리즈로 국내에 아프리카의 지역별 신화와 전설을 체계적으로 소개하고자 하는 것은 바로 이러한 이유 때문이다.

제대로 된 아프리카 인식을 위한 인문학적 자료가 절대적으로 부족한 우리의 실정에서 본 시리즈가 모쪼록 아프리카의 정신적 유산과 문화를 이해하는 데 일조하고, 앞으로의 아프리카 인문학 연구의 기초 자료로써 활용될 수 있기를 기대해 본다.

목차

제1장 가봉 신화와 전설 ··· 1
  팡족 창조신화 ··· 3
  팡족의 이주 ··· 4
  은구란구라네 신화 ·· 8
  괴물 에부 전설 ··· 25
  싸움의 비밀 ·· 28
  고아소녀와 노파 ··· 31
  아버지와 아들 ··· 34

제2장 앙골라 신화와 전설 ··· 39
  은주아 키마나우에제 신화 ·································· 41
  키마나우에제의 아들과 해와 달의 딸 ······················ 52
  슈디카-음밤비 신화 ··· 61
  죽음의 세계, 칼룽가 ··· 74
  바다의 여신 키안다 ··· 75
  개구리와 코끼리 ·· 76
  개구리와 두 부인 ·· 83
  니앙가와 표범 ··· 88
  니앙가와 사슴 ··· 90
  토끼와 표범 ·· 91
  거북이 죽이기 ··· 93
  대장장이와 까마귀 ·· 96
  사자들과 키모나-은곰베 ·································· 100
  영리한 토끼 카딤바 ·· 107

제3장 **중앙아프리카공화국 신화와 전설** ······· 109
　죽음을 선물한 신, 은잠베 ································ 111
　노총각들과 비단뱀 ·· 112
　거북이와 독수리의 우정 ································ 116
　돈을 재배한 토끼 ·· 120
　코끼리의 저녁을 훔친 토끼 ····························· 128
　농부와 원숭이들 ·· 132
　도둑이 된 은디키린디 ···································· 134
　베조마와 저승사자 피오 ································· 137
　웃는 자 마미와 화내는 자 은감비 ················· 140
　질투심 많은 은가세라와 현명한 조마리 ········ 141

제4장 **카메룬 신화와 전설** ······························· 145
　물의 정령 마미 와타 ······································ 147
　창조의 신, 쿤붐 ·· 148
　아내를 얻은 거북이 ·· 149
　잿빛 앵무새와 초록 비둘기 ··························· 152
　거미와 지네 ·· 154
　바람과 제비 ·· 155
　현명한 판결 ·· 156
　왕의 말 ·· 158
　임신에 대한 카메룬의 속설들 ························ 160

제5장 **콩고공화국 신화와 전설** ······················· 163
　흑인과 백인과 생겨난 이유 ··························· 165

누가 은잠비의 딸과 결혼해야 할까? ······················ 167
두 수호신의 전쟁 ······················ 171
은곰바의 나르는 바구니 ······················ 173
남편을 살린 세 아내 ······················ 180
사라진 아내 Ⅰ ······················ 183
사라진 아내 Ⅱ ······················ 187
쌍둥이 형제 ······················ 191
형과 아우 ······················ 197
질투심 많은 아내 ······················ 202
아이를 빼앗긴 여인 ······················ 205
자기 꾀에 빠진 여자 ······················ 207
악어가 암탉을 잡아먹지 않는 이유 ······················ 209
가젤 은사시의 충직한 개 ······················ 211
가젤과 표범 ······················ 215
교활한 거북이의 최후 ······················ 218
영양과 표범 ······················ 222
토끼와 영양 ······················ 225
표범과 악어 ······················ 230

제6장 콩고민주공화국 신화와 전설 ······················ 233
부숑고족 창조 신화 ······················ 235
음부티족의 신들 ······················ 236
카룸바 신화 ······················ 238
카룸바와 죽음의 기원 ······················ 240
아드로아와 아드로 ······················ 242

출생과 창조의 신, 조크 ·· 243
아레바티와 죽음의 이유 ·· 244
사악한 정령 비로코 ·· 245
초인 음원도 ·· 246
마켐베와 마법의 활 ·· 249
꾀 많은 거북이 ··· 251
다람쥐와 달팽이 ·· 253
이 세상 최초의 개 ·· 255

제7장 차드 신화와 전설 ·· 259
완투 수의 북 ·· 261
동물들의 평화조약 ·· 262
코끼리와 사냥꾼 ·· 265
하이에나, 원숭이, 산토끼 ······································· 266
자칼과 개의 이야기 ·· 268

아·프·리·카·의·신·화·와·전·설

제1장
가봉 신화와 전설

팡족 창조신화

··· 가봉/팡족 신화

최초에는 세상에 천국만 있었고 지구는 없었다. 천국은 하늘에 있었고, 천국 아래에는 오직 바다뿐이었고 육지는 존재하지 않았다. 천국에는 오직 창조주인 '메게베'와 거미 '디보비아'만이 있었다. 거미 디보비아는 거미줄을 타고 천국에서 내려와 바다 위로 나와 보곤 했다.

그러던 어느 날, 디보비아는 메게베에게 지구를 만들어야 한다고 말했다. 디보비아의 말이 일리가 있다고 생각한 메게베는 오른팔 아래에서 털을 하나 뽑고, 그의 뇌에서 약간의 재료를 꺼내고, 바다에서 부드러운 조약돌을 하나 집어 들었다. 그가 이것들을 모아서 숨을 불어넣자, 그것들은 알로 바뀌었다. 메게베는 알을 디보비아에게 주었고, 디보비아는 알을 바다로 내려보냈다. 얼마 후 메게베는 밑으로 내려가서 알에 정액을 뿌렸다. 그러자 알에 금이 갔고, 그 속에서 3명의 생명체가 나왔다. 그들은 지상의 신인 '자메 예 메게베'와 그의 누이인 '닝완 메게베', 그리고 신의 형제이자 악마인 '은로나 메게베'였다.

메게베와 디보비아는 자메에게 창조의 일을 맡기고 하늘로 올라갔다. 자메가 처음으로 만든 것은 흰개미와 벌레들이었다. 자메는 그들의 배설물을 가지고 바다 위에 육지를 만들었고, 숲과 동물 등 세상의 모든 것을 만들었다. 세상이 생명체로 가득 차게 되자 자메는 마지막으로 인간을 창조했다.

팡족의 이주

··· 가봉/팡족 신화

아주 오래전 옛날에, 신은 모든 피부색의 인간들, 모든 부족들과 같이 살았다. 신은 인간들에게 필요한 조언을 하면서 도와주었고, 그들이 필요로 하는 모든 것들을 제공해 주었다. 모든 것은 잘 되어갔었다. 어떠한 불평등도 없었고, 증오도 없었다. 어디에나 평화와 기쁨, 그리고 즐거움만이 가득했다.

어느 날 신은 지상에서 사는 것에 싫증이 나서, 하늘로 올라가기로 했다. 신은 사람들을 불러 모을 때 사용하는 북을 쳤다. 사람들이 모두 모이자 신이 말했다.

"인간들이여, 나는 오랫동안 너희들 곁에서 살아왔다. 나는 너희들을 위하여 많은 것을 해주었고, 너희들에게 많은 것을 가져다주었다. 이제 너희들이 혼자 살아야 할 때가 되었다. 나는 오늘 천국으로 돌아가겠다. 그렇지만 나는 너희들 중에서 가장 먼저 진심을 담은 선물을 가져오는 자들에게 나의 축복을 내리겠다."

즉시 모든 부족이 신에게 바칠 선물을 결정하기 위해서 모였다. 잠시 후, 빠르게 선물을 결정한 백인 부족이 신에게 갔고, 신은 그들에게 축복을 내렸다. 그러는 동안에도 흑인 부족은 여전히 논쟁을 하고 있었다. 마침내 모든 구성원이 동의했을 때는 이미 때가 늦었다. 신은 천국으로 떠난 뒤였다. 부족 원들 모두가 서둘러서 신을 따라가 옷자락을 붙잡고 선물을 바칠 수 있게 해달라고 애원했다. 그러나 신은 다른 부족이 먼저 와서 이미 선물을 바쳤고, 천국의 축복은 한 번밖에 내릴 수 없노라고 설명했다. 그리고 신은 사라졌다. 뒤에 남게 된 흑인 부족은 당황하고 불만에 차게 되었다. 부족 원들은 서로 이 상황에 대해서 책임이 있다고 비난했고, 불만은 점점 커졌다. 결국, 부족 원들 모두가 이 상황에 대해서 어떻게 하는 것이 좋은가를 논의하게 되었다. 그러나 뚜렷한 방안이 나오지 않았다.

결국, 추장들 중 한 명이 일어나서 외쳤다.

"그만하시오! 모두 내 말을 들으시오. 당신들의 끝없는 논쟁 때문에 우리는 이미 신의 축복을 잃게 되었소. 우리가 울며 한탄해 보았자 소용없소. 이제 우리는 이 고장에서는 신성한 신의 축복을 받은 자들을 주인으로 모시며 살아갈 수밖에 없소. 우리는 떠나야 합니다. 우리는 태양의 궤적을 따라 멀리 가서, 우리의 안식처가 될 곳을 찾아야 합니다."

그의 말에 부족 전체가 동의했고, 그들은 해가 지는 방향을 향해서 떠났다.

그들은 끝없이 걸어갔다. 평원을 지나고, 숲을 지나고, 강을 건너갔다. 그들은 산맥도 넘어갔다. 어느 날, 그들은 자신들이 가는 길에 큰 나무가 쓰러져 있는 것을 발견했다. 엄청나게 큰 나무가 그들의 길을 가로막고 있었다. 실망감이 피곤함에 지친 사람들 사이에서 퍼져나갔고, 또다시 논란이 시작되었다. 부족원들 중 한 사람이 말했다.

"나는 이제 지긋지긋해! 나는 더 이상 가고 싶지 않아. 나는 피곤해."

그 보다 용감한 다른 사람이 그에게 말했다.

"너는 여자만큼의 용기도 없구나!"

두 사람은 말싸움하기 시작했다.

"용기가 없다니! 나는 적어도 너만큼의 용기는 있어! 물론 추장님은 우리보다 강하시지. 그러나 내가 하는 말은 이 나무가, 우리가 한 번도 본 적 없는 이 거대한 나무가 우리 길을 막았다는 것은, 우리 보고 이제 여기서 멈추라는 신의 뜻이라는 거야."

"신의 뜻이라니! 네가 그것을 어떻게 안단 말이냐? 우리가 더 노력해 볼 수는 없는 것이냐? 계속 가야 해. 그렇지 않다면 너는 더 이상 팡족이 아니야."

결국, 말싸움은 끝나지 않았다. 부족 전체가 둘로 갈라졌고, 좀처럼 일치를 볼 수 없었다. 이러한 상황을 맞아서, 추장은 사람들을 모두 모이게 했다.

"너희들은 구제 불능이다. 너희들은 끝없이 말싸움만 하고 있다. 내가 결정한 것을 듣도록 하라. 용기 있는 자들, 진정한 팡족은 나를 따르라. 우리는 길을 계속 갈 것이다. 우리는 끝까지 갈 것이다. 나머지 자들은 너희들이 원하는 곳으로 가라. 이제부터 너희들을 '불루'족이라 부를 것이다."

이렇게 해서 처음으로 부족이 둘로 나누어졌다. 팡족은 그들이 가던 길을 계속해서 갔다. 반면에 '되돌아선 자들'이라는 뜻의 불루족은 그 지역에 정착했는데, 그 지역은 나중에 '카메룬'이라 불리게 되었다.

팡족은 몇 주에 걸쳐서 그들의 이동을 계속했다. 그들은 끝없는 숲을 가로질러 갔고, 마침내 어느 날 '은틈'이라 부르는 강에 도착했다. 은틈은 거센 물결이 흐르는 큰 강이었다. 그들은 무척이나 피곤하였지만, 용기를 내서 카누를 만들었고, 배를 타고 강을 건너기 시작했다. 그러나 불행하게도 강을 건너던 도중 많은 남자와 여자들, 그리고 아이들이 물에 빠져 죽고 말았다. 슬픔에 빠진 부족원들이 강가에 모였고, 추장이 말했다.

"너희들의 용기 덕분에 우리는 강물을 이겨낼 수 있었다. 그러나 죽음이 우리를 혹독한 시험에 들게 했다. 죽음은 우리를 무차별적으로 공격해서, 우리 중 가장 소중하고, 가장 용기 있는 자들을 앗아갔다. 아내들과 형제들, 아이들을 잃은 자들은 이곳에 머물러서 죽은 자들을 묻어주도록 하여라. 너희들은 죽은 자들의 무덤 곁에 마을을 세우도록 해라. 그리고 이제부터 그들을 '은트무(슬픔에 빠진 자들)'이라 부르도록 해라. 죽음에서 무사히 살아남은 자들은 계속해서 길을 가도록 하겠다. 우리의 계획은 끝까지 가는 것이기 때문이다."

그래서 팡족은 다시 길을 떠났다. 그러나 얼마 가지 않아, 그들은 자신들의 동료들인 '은트무'족을 남겨놓고 온 것에 대해서 애석해 했다. '슬픔에 빠진 자들'을 은틈 강가에 남겨놓고 모두 차마 발걸음이 떨어지지 않았다. 그래서 추장은 그들과 모든 관계가 완전히 끊어지지 않도록, 그곳에서 이동을 멈추기로 결정했다. 이렇게 해서 팡족은 '은틈'강과 '오구우에' 지역 사이에 자리 잡게 된 것이다.

은구란구라네 신화

··· 가봉/팡족 신화

은구란구라네의 탄생

　옛날에 팡족은 거대한 강가에서 살았다. 그 강은 너무도 거대해서 반대쪽 기슭이 보이지 않을 정도였다. 그 강 속에는 거대한 대왕 악어가 한 마리 살고 있었다. 그 대왕 악어는 악어들의 우두머리였다. 그의 머리는 집채만 했고, 그의 눈은 염소보다도 컸다. 그의 이빨은 사람을 바나나 자르듯 두 조각냈다. 그는 거대한 비늘로 덮여있었는데, 한번은 어떤 사람이 그 악어에게 창을 힘껏 던진 적이 있었다. 그러나 창은 비늘을 뚫지 못하고 힘없이 떨어졌다. 한마디로 대왕 악어는 무시무시한 동물이었다.

　은구란구라네가 태어나기 전에, 어느 날 이 대왕 악어가 은구란구라네의 마을에 찾아 왔다. 당시에 팡족을 다스리고 있던 사람은 대 추장이었다. 그는 팡족 외에도 다른 부족들도 다스리고 있었다. 그런데 어느 날 대왕 악어가 팡족의 마을에 찾아온 것이다. 그는 추장을 찾았다.

　"나는 추장을 만나러 왔다."

　추장이 즉시 달려왔다. 대왕 악어가 추장에게 말했다.

　"잘 들어라. 나는 배가 고프다. 나는 인간의 살이 물고기의 살보다 맛있다. 오늘부터 너는 매일 노예를 한 명씩 뽑아서 강가로 데려와 나에게 바쳐라. 하루는 남자를, 하루는 여자를 바쳐라. 그리고 매월 달이 뜨는 첫날에는, 젊은 처녀를 기름칠을 잘해서 데려와라. 만일 네가 내 말을 어긴다면, 나는 너희 마을의 사람들을 모두 잡아먹을 것이다. 내 말은 전했으니, 너는 아무 말 하지 마라."

그리고 대왕 악어는 한마디 말도 없이 강으로 돌아갔다. 그리고 마을에서는 비통한 통곡 소리가 울려 퍼지기 시작했다. 남녀노소 할 것 없이 모든 사람이 "나는 이제 죽었구나."라고 말했다.

다음날 아침이 되자 대왕 악어는 강가에 모습을 드러냈다. 그의 입은 집채만 했고, 눈 하나가 염소만 했다. 사람들은 서둘러서 대왕 악어가 요구한 것을 대령했다. 하루는 남자를, 하루는 여자를, 그리고 달이 뜨는 첫날에는 젊은 처녀를 바쳤다. 사람들은 대왕 악어의 명을 거역할 엄두를 내지 못했다. 왜냐하면, 그의 전사들인 다른 악어들이 곳곳에 있었기 때문이다.

그 대왕 악어의 이름은 '옹부르'였다. 모든 물과 모든 숲이 그에게 복종했다. 그의 전사들은 도처에 있었다. 그는 숲의 제왕이었고, 무엇보다도 물의 제왕이었다. 그는 매일같이 때로는 남자를, 때로는 여자를 먹어치웠다. 그는 매우 만족했고, 팡족과 매우 친하게 되었다. 그러나 팡족은 그에게 바칠 노예가 동이 나고 말았다. 추장은 노예를 사는데 자신의 전 재산을 썼다. 그에게는 이제 금고도, 상아도 남아 있지 않았다. 그는 이제 팡족 사람을 제물로 바쳐야 했다. 팡족의 추장은 모든 사람을 불러서 회의를 했다. 추장이 오랫동안 이야기를 했고, 뒤이어 다른 전사들이 길게 이야기했다. 회의가 끝났을 때 모든 사람이 상황을 이해했고, 모두가 마음속으로 똑같은 생각을 했다. '우리는 떠나야만 한다.' 추장이 말했다.

"자 이제 모든 문제는 정리되었소. 우리는 산맥을 넘어 이곳에서 멀리 떠날 것이오. 옹부르는 우리를 잡으러 오지 못할 것이오. 그리고 우리는 행복해질 것이오."

추장은 그해 농사를 짓지 않기로 했고, 계절이 끝날 때쯤 전 부족이 강을 따라 떠나기로 했다. 모든 것은 결정한 대로 되었다.

건기가 시작되어 강물의 수위가 낮아져서 여행하기 좋게 되자, 전 부족이 이동하기 시작했다. 첫날부터 사람들은 최대한 빨리 이동했다. 남자들은 여자들을 재촉했고, 여자들을 걸음을 서둘렀다. 여자들은 무거운 짐을 지느라 허리가 휘었다. 그녀들은 식량과 가재도구 일체를 날라야 했다. 접시, 절구, 바구니, 칼, 괭이 등 모든 것을 가지고 갔다. 그때그때 식량인 카바사도 말려서 가지고 가야 했다. 게다가 그녀들은 아이들도 데리고 가야 했다. 갓난아이들은 걸을 수 없었고, 걸을 수 있는 아이들도 오래 걷지 못했다. 무엇보다 소리를 내지 말아야 했다. 남자들도 여자들도 모두 소리를 내지 않았다. 아이들이 울면 엄마들이 "조용히 해!"라고 말했다.

추장이 선두에 서서 행렬을 이끌었다. 그가 그 지역의 지리를 제일 잘 알기 때문이었다. 그는 자주 사냥을 나갔었고, 목에는 큰 원숭이의 이빨로 만든 목걸이를 걸고 있었다. 그는 위대한 사냥꾼이었다.

첫날, 많은 사람이 뒤를 돌아봤다. 악어의 소리가 들려오는 듯했고, 맨 뒤의 사람은 심장이 얼어붙는 듯했다. 그러나 아무 소리도 들리지 않았다. 이틀째 되는 날에도 행렬은 쉬지 않고 길을 갔고, 마침내 아무 소리도 들리지 않게 되었다.
 팡족이 길을 떠난 첫날, 옹브르는 물에서 나와서 늘 하던 대로 자기에게 바쳐진 노예들이 놓였던 곳으로 갔다. 그러나 그곳에는 아무것도 없었다. '어떻게 된 거지?'하며 옹부르는 마을로 갔다.
 "인간들의 추장이여! 어디 있느냐?"
 그러나 아무런 답이 없었다. 마을은 텅 비어있었다. 마을을 샅샅이 뒤졌지만, 모든 집이 다 비어있었다. 옹부르는 격분해서 강으로 돌아왔고, 강으로 들어가 자신의 주물(呪物)을 꺼내서 노래를 불렀다.

 "물을 지배하는 너희 물의 정령들이여,
 나에게 복종하는 너희 모두를 소환한다.
 지체하지 말고 대답하라. 즉시 대답하라.
 나는 하늘을 가르며 날아가는 번개를 보내겠다.
 모든 것을 부숴버리는 천둥을 보내겠다.
 모든 바나나 나무를 뽑아버릴 태풍의 바람을 보내겠다.
 구름에서 떨어져서 모든 것을 쓸어버릴 폭풍우를 보내겠다.
 모두 그들의 왕의 목소리에 답할 것이다.
 너희 모두 나에게 복종하라. 나에게 길을 인도하라.
 그들이 도망갔던 길을.
 물의 정령들이여, 대답하라."

 그러나 놀랍게도 물의 정령들은 대답하지 않았다. 단 하나의 정령도 말이다. 어떻게 된 일일까?

사실은, 마을을 떠나기 전 팡족의 추장은 물의 정령들에게 많은 제물을 바쳤다. 그는 물의 정령들에게 제물을 바치고 비밀을 지킬 것을 약속받았던 것이다. 정령들은 "우리는 아무 말도 하지 않겠다."라고 약속했었다.

옹부르는 다시 더 크게 주문을 외웠다.

"물을 지배하는 너희 물의 정령들이여,
나에게 복종하는 너희 모두를 소환한다."

결국 옹부르에게 복종할 수밖에 없었던 물의 정령들은 그의 앞에 나서게 됐다.

"인간들은 어디 있느냐? 그들이 어느 길로 갔느냐?" 옹부르가 물었다.

"우리는 아무것도 보지 못했습니다. 그들은 물의 길로 가지 않았습니다." 물의 정령들이 대답했다.

"그들이 물의 길을 따라가지 않았다고? 물의 정령들은 나를 거역할 수 없다."

옹부르는 숲의 정령들을 불렀다.

"숲을 지배하는 너희 숲의 정령들이여,
나에게 복종하는 너희 모두를 소환한다.
지체하지 말고 대답하라. 즉시 대답하라.
나는 하늘을 가르며 날아가는 번개를 보내겠다.
모든 것을 부숴버리는 천둥을 보내겠다.

모든 바나나 나무를 뽑아버릴 태풍의 바람을 보내겠다.
구름에서 떨어져서 모든 것을 쓸어버릴 폭풍우를 보내겠다.
모두 그들의 왕의 목소리에 답할 것이다.
너희 모두 나에게 복종하라. 나에게 길을 인도하라.
그들이 도망갔던 길을.
숲의 정령들이여, 대답하라."

숲의 정령들도 아무 말 하지 않았다.

사실은, 마을을 떠나기 전 팡족의 추장은 숲의 정령들에게도 제물을 바쳤던 것이다. 숲의 정령들도 아무 말 하지 않을 것을 약속했었다.

옹부르는 다시 더 크게 주문을 외웠다.

"숲을 지배하는 숲의 정령들이여,
나에게 복종하는 너희 모두를 소환한다."

숲의 정령들도 그의 앞에 나서게 됐다.

"인간들은 어디 있느냐? 그들이 어느 길로 갔느냐?" 옹부르가 물었다.

"우리는 아무것도 보지 못했습니다. 그들은 숲의 길로 가지 않았습니다." 숲의 정령들이 대답했다.

그러자 옹부르는 낮의 정령들과 밤의 정령들을 차례로 불러내서 마침내 팡족이 어디로 갔는지 알아냈다.

팡족은 계속해서 이동했다. 오랫동안 이동을 한 그들은 산맥을 넘었다. 팡족의 추장이 자신의 주물에게 물었다.

"우리가 이곳에 정착해도 되겠느냐?"

"아니요, 이곳에서 멈춰서는 안 됩니다. 이곳은 좋은 장소가 아닙니다." 주물이 대답했다.

사실 추장의 주물은 옹부르의 명령을 받고 있었다. 추장은 그 사실을 까맣게 모르고 있었다. 팡족은 다시 들판을 건너고, 산을 넘었다. 끝없는 여행을 하다 그들은 거대한 숲에 도착했다. 추장은 다시 주물에게 물었다.

"이곳에 정착하면 되겠느냐?"

"예, 이곳에 정착하시면 됩니다." 주물이 대답했다.

그러나 사실은 추장의 주물이 옹부르의 영역인 숲으로 팡족을 데려온 것이었다.

팡족의 이주는 여러 해가 걸렸다. 어린아이들은 청소년이 되었고, 청소년들은 전사가 되었고, 전사들은 노인이 되었다. 숲 근처 호숫가에 자리 잡은 팡족은 다시 마을을 세우고 농사를 짓기 시작했다. 옥수수 농사가 매우 잘 되어 많은 수확을 하게 되었다. 추장은 사람들을 불러 모아 마을의 새 이름을 짓기로 했다. 사람들이 논의한 결과 마을 이름은 '아쿠레간'이라고 정해졌다. 아쿠레간은 '악어로부터의 해방'이라는 뜻이다.

그런데 바로 그날 밤 자정 무렵이 되자, 큰 소리가 나면서 무시무시한 목소리가 들렸다.

"이리 나와라!"

공포에 질린 마을 사람들이 나와 보니, 옹부르가 달빛을 받으며 마을 한복판에 있었다. 그는 추장의 집 앞에 있었다. 모든 사람이 어찌해야 할지 몰랐다. 도망치거나 숨거나 할 엄두도 내지 못했다. 추장이 집에서 나오자마자, 악어는 추장을 한입에 그를 두 동강이 내버렸다.

"잘 보았느냐, 아쿠레칸 사람들이여?"

옹부르는 더 이상 말을 하지 않고 호수 쪽으로 사라졌다. 전사들은 공포에 떨면서 새 추장을 뽑았다. 새 추장은 법률에 따라 전 추장의 동생이 되었다. 아침이 되자 사람들은 전 추장의 아내를 붙잡아 호숫가에 묶어 놓았다. 옹부르에게 제물로 바친 것이었다. 옹부르가 나타나 그녀를 잡아먹었다. 저녁이 되자 옹부르는 다시 마을에 나타나 새 추장을 불렀다. 새 추장은 벌벌 떨면서 옹부르 앞에 나섰다.

"내가 너희들에게 새로운 명령을 내리겠다. 너희는 그대로 따라야 한다. 앞으로는 매일 두 명의 남자를 바쳐야 한다. 아침에 한 명, 저녁에 한 명이다. 다음날은 두 명의 여자를, 아침에 한 명 저녁에 한 명씩 바쳐라. 달이 뜨는 첫날에는, 두 명의 젊은 처녀를 잘 단장하고 기름칠을 해서 바쳐라. 나, 숲의 왕이고 물의 왕인 옹부르가 하는 말이다."

이렇게 다시 여러 해가 지났다. 매일 아침저녁으로 옹부르는 하루는 남자 두 명, 하루는 여자 두 명, 그리고 달이 뜨는 날에는 처녀 두 명씩 먹어치웠다. 이런 삶이 오랫동안 지속되었다. 옹부르에게 바칠 제물을 마련하기 위해서, 팡족은 끝없이 전쟁을 벌였다. 그들은 언제나 승리를 거두었다. 왜냐하면, 언제나 악어의 왕인 옹부르가 그들을 보호했기 때문이었다. 그들은 곧 뛰어난 전사들이 되었다.

그러나 해가 갈수록 팡족은 옹부르에게 지치기 시작했다. 그들은 자신의 선조들이 어떻게 옹부르에게서 도망치다가 붙잡혔는지를 잊어버리고, 젊은이들이 주동이 되어서 옹부르에게서 도망치기로 했다. 젊은이들이 선두에 서고, 전사들이 그 뒤를 따랐다. 여자들은 짐을 지고 전사들의 뒤를 따랐다.

다음 날 아침, 옹부르가 호숫가로 나왔다가 제물이 대령 되지 않은 것을 보았다. 그는 즉시 주물을 꺼내 들고 숲의 정령들을 소환했다.

"너희들의 왕인 옹부르가 명한다. 내 노예들이 도망쳤다. 그들은 너희 영역 안에 있다. 그들 앞의 모든 길을 막아라. 폭풍우의 바람이여, 너는 그들 앞에 나무들을 쓰러뜨려라. 천둥의 정령과 번개의 정령들이여, 그들의 눈을 멀게 해라! 가거라! 옹부르가 너희에게 명령한다!"

정령들은 즉시 팡족의 뒤를 쫓았다. 팡족 앞의 길들이 막혔고, 거대한 나무들이 쓰러졌다. 어둠이 모든 것을 덮쳤다. 절망에 빠진 팡족은 다시 호숫가로 돌아올 수밖에 없었다. 옹부르가 그들을 기다리고 있었다. 옹부르는 분노했다.

"너희들은 이제 매일 두 명의 처녀를 제물로 바쳐야 한다." 옹부르가 말했다.

팡족은 옹부르에게 복종해야만 했고, 매일 두 명의 처녀를 붉은색으로 칠하고, 기름으로 반질반질하게 윤을 내서 그에게 데려갔다. 그것은 결혼식 치장이었다. 처녀들은 울면서 한탄을 하곤 했다. 아침이 되면 그녀들의 울음소리도, 탄식 소리도 들리지 않았다. 그녀들이 어머니를 부르는 소리도 들리지 않았다. 그녀들은 호수 속으로 끌려갔다. 호수 바닥에 있는 옹부르의 집으로 끌려가서 그를 위해서 봉사하다 차례로 잡아먹혔다.

그러던 어느 날, 특별한 일이 일어났다. 한 처녀가 제물로 바쳐질 순서가 돌아왔는데, 그녀는 추장의 딸이었다. 그녀는 아주 젊었고, 매우 아름다웠다. 저녁이 되자 그녀는 친구와 함께 호숫가에 묶였다. 그녀의 친구는 돌아오지 않았다. 그러나 다음날 아침이 되었는데도 그녀는 그 자리에 그대로 있었다. 옹부르가 그녀를 잡아먹지 않은 것이었다. 사람들은 그녀를 '알레네 키리'라고 불렀다. 그것은 '여명이 밝았다'라는 뜻이다.

아홉 달이 지나자, 추장의 딸은 사내아이를 낳았다. 아이는 '은구란구라네'라 불리게 되었다. '악어의 아들'이라는 뜻이다. 은구란구라네는 옹부르의 아들이었다.

옹부르의 죽음

악어 옹부르와 추장의 딸 사이에 태어난 은구란구라네는 성장하여 청년이 되었고, 마을의 추장이 되었다. 그는 강력한 추장이자 주술사였다. 그는 두 가지 열망을 항상 마음속에 품고 살았다. 하나는, 부족 추장이자 어머니의 아버지, 즉 외할아버지의 죽음에 대한 복수였고, 하나는 부족 사람들을 옹부르로부터 구출해 내는 것이었다.

숲속에는 사람들이 '종려나무'라고 부르는 신성한 나무가 있었다.

이 종려나무의 가지를 자르면, 그곳에서 엄청나게 많은 수액이 나왔다. 그 수액을 질그릇에 받아서 밀봉한 후, 이삼일 정도 숙성시키면 '드잔'이라는 술이 되었다. 그때까지 사람들은 그 사실을 모르고 있었는데, 그것을 가르쳐 준 사람이 바로 은구란구라네였다. 좀 더 자세히 말하자면, 그것을 사람들에게 가르쳐준 사람은 은구란구라네였고, 그것을 처음 마신 것은 옹부르였다. 은구란구라네에게 종려나무 수액으로 술을 만드는 것을 가르쳐 준 것은 '은고네만느'라는 돌의 정령이었는데, 그것은 은구란구라네의 어머니가 아들에게 준 것이었다.

은고네만느의 가르침을 따라 은구란구라네는 마을의 모든 여자를 불러서 말했다.

"당신들이 가지고 있는 모든 질그릇을 다 내 집 앞으로 가지고 오시오."

여자들은 집에 있는 모든 질그릇을 가지고 왔고, 순식간에 질그릇들이 쌓였다.

"모두 숲으로 가시오. 개울가에 가면 점토가 있소. 그것들로 질그릇을 더 만드시오." 은구란구라네가 말했다.

여자들은 모두 개울가로 가서 질그릇을 많이 만들었다. 질그릇이 준비되자 은구란구라네는 남자들에게 말했다.

"다 같이 숲으로 갑시다. 내가 지목하는 나무들을 자르시오."

남자들이 모두 도끼와 칼을 들고 숲으로 갔다. 그들은 은구란구라네가 가리키는 나무들을 잘랐다. 그것들은 종려나무들이었다. 잘린 종려나무의 도끼 자국마다 수액이 흘러나왔다. 여자들과 노인들, 아이들이 단지를 가지고 와서 수액을 받았다. 사람들은 수액이 가득 찬 단지들을 마을로 옮겼다.

매일 은구란구라네는 술의 맛을 보았다. 남자들이 그와 함께 술맛을 보고 싶어 했다. 그러나 은구란구라네는 다른 사람들이 술맛을 보는 것을 엄격히 금지했다. 한 남자가 은구란구라네 몰래 술맛을 보았다. 그러나 술을 한잔 마시자마자, 남자는 곧바로 미쳐버렸다. 그러자 은구란구라네가 와서 남자를 총으로 쏘아버렸다. 사람들은 명을 거역한 죄로 그의 시체를 무덤도 만들지 않고 갖다 버렸다.

사흘이 지나자, 은구란구라네는 사람들을 불러 모아서 말했다.
"이제 때가 되었소. 단지를 들고, 나와 같이 호숫가로 갑시다."
사람들은 단지를 들고 은구란구라네를 따라서 호숫가로 갔다. 그들은 신선한 점토로 두 개의 큰 웅덩이를 만들었다. 물기가 새지 않도록 섬세하게 발로 다지고, 손바닥으로 꼼꼼하게 벽을 발랐다. 웅덩이들이 완성되자, 그들은 단지들 안에 들어 있던 모든 드잔을 한 방울도 남기지 않고 모두 쏟아부었다. 은구란구라네가 주술을 시작하자 모든 단지가 즉시 깨지고, 호수 속으로 던져졌다. 두 명의 포로가 호숫가에 묶였고, 사람들은 마을로 돌아왔다.

은구란구라네는 혼자서 웅덩이 근처에 숨어서 기다렸다. 시간이 되자 옹부르가 물에서 나왔다. 옹부르는 공포에 질려 떨고 있는 포로들에게 다가갔다. 그러다 옹부르는 웅덩이를 발견했다.
"이게 뭐지?" 그는 웅덩이에 담겨있는 술을 보며 말했다.
옹부르는 술을 한 모금 먹어봤다. 술은 아주 맛이 좋았다. 그는 기분이 좋아져서 큰 소리로 말했다.

"이거 정말 좋은데. 내일부터 팡족에게 매일 바치라고 해야겠다."

옹부르는 아예 웅덩이에 들어가 드잔을 다 마셔버렸다. 마지막 한 방울까지 마셨을 때, 그는 포로 따위는 관심도 없었다.

술을 다 마신 옹부르는 노래를 불렀다.

"나는 드잔을 마셨네. 기분을 좋게 해주는 물이라네.
나는 드잔을 마셨네,
드잔을 마셨네, 기분이 좋다네.
드잔을 마셨네,
내가 바로 모두가 복종하는 왕이라네,
위대한 왕, 그게 바로 나라네.
대왕 악어, 내가 바로 왕이라네,
옹부르는 물의 왕이라네,
옹부르는 숲의 왕이라네.
모두가 복종하는 왕, 그게 바로 나라네,
내가 왕이라네.
나는 드잔을 마셨네. 기분을 좋게 해주는 물이라네."
나는 드잔을 마셨네,
드잔을 마셨네, 기분이 좋다네.
드잔을 마셨네."

그는 포로들은 까맣게 잊고 모래사장에서 노래를 불렀다. 기분이 좋아진 옹부르는 잠이 들었다. 은구란구라네는 즉시 잠이 든 옹부르에게 다가가 창을 힘껏 던졌다. 그러나 날아간 창은 옹부르의 두꺼운 가죽을 뚫지 못하고 튕겨 나왔다. 옹부르가 잠에서 깨지 않은 채 몸을 뒤척이며 말했다.

"이게 뭐냐? 모기가 무는 것이냐?"

은구란구라네는 도끼를 집어 들고, 가공할만한 힘으로 악어를 내리쳤다. 그러나 도끼는 옹부르에게 상처 하나 입히지 못하고 튀어 올랐다. 옹부르가 움직이기 시작했다. 두 명의 포로는 겁에 질린 채 도망쳤다. 은구란구라네는 강력한 주술을 사용했다.

"천둥이여, 천둥이여. 내가 너를 부른다. 너의 화살들을 나에게 다오." 은구란구라네가 말했다.

그러자 천둥이 우레와 같은 소리를 내며 왔다. 그러나 그가 죽여야 할 대상이 옹부르임을 알고는 말했다.

"저자는 너의 아버지이다. 그리고 내 주인이다."

천둥은 겁에 질려서 도망쳤다.

그때 은구란구라네의 어머니인 '알레나 키리'가 아들을 돕기 위해 왔다. 그녀는 돌의 정령인 '은고네만느'를 가지고 왔다. 은고네만느의 이름으로 은구란구라네가 외쳤다.

"번개여, 저자를 내리칠 것을 명한다!"

은구란구라네의 명령을 거역할 수 없었던 번개는 정확하게 옹부르의 머리를, 두 눈 사이의 미간을 내리쳤다. 옹부르는 그 자리에서 감전되어 즉사했다. 이렇게 해서 마침내 은구란구라네는 은고네만느의 도움으로 옹부르를 죽일 수 있었다.

은구란구라네는 서둘러 마을로 돌아왔다.

"모두 나오시오!" 은구란구라네가 외쳤다.

사람들은 모두 호수가로 갔다. 그들은 그곳에서 거대한 옹부르가 쓰러져있는 것을 보았다.

"나 은구란구라네가 옹부르를 죽였다!" 은구란구라네가 의기양양하게 외쳤다.

모두가 옹부르의 시체 주변을 돌면서 춤을 추며 즐거워했다. 사람들은 '팡키'라는 춤을 췄는데, 그것은 장례식 때 추는 춤이었다. 사람들은 옹부르의 영혼을 달래기 위해 팡키를 춘 것이다.

악어 축제

다음 날 아침, 은구란구라네는 옹부르의 시체가 있는 호수가로 갔다. 그는 '음포르 아크녹스'라 부르는 큰 칼을 들었다. 음포르 아크녹스는 장례식 때만 쓰는 칼이었다. 그는 사람들에게 옹부르의 시체를 뒤집으라고 말했다. 사람들이 시체를 뒤집자, 은구란구라네는 아가리에서부터 항문까지 가죽을 갈랐다. 그는 시체를 가로로 잘라 두 조각을 냈고, 다시 세로로 잘랐다. 양 끝을 잘라내고, 살을 발라내서 불에 구웠다. 모든 사람이 고기를 나눠 먹었고, 모두에게 푸짐한 양이 돌아갔다. 은구란구라네는 심장과 골을 먹었고, 추장들과 노인들은 주요 내장들과 혀, 눈알을 먹었다. 여자들과 아이들에게는 내장이 돌아갔다. 모두가 자기 몫을 받았다. 이제 아무것도 두려워 할 것이 없었다.

옹부르의 껍질은 잘 말린 후, 꼼꼼하게 꿰맸다. 은구란구라네는 껍질 안에 나뭇가지들을 넣어 형태를 유지하게 했다. 모든 것이 준비되자, 은구란구라네는 옹부르의 껍질을 호수에 띄우도록 했다. 껍질은 수면 위에 떴고, 은구란구라네는 그 위에 올라탔다. 옹부르의 네 발은 노로 사용했고, 말랑한 꼬리는 키의 역할을 했다. 은구란구라네는 옹부르 가죽으로 만든 배를 타고 호수의 이곳저곳을 마음대로 돌아다녔다. 그때까지 팡족은 카누를 알지 못했었다. 은구란구라네가 처음으로 악어가죽으로 만든 배를 타자, 사람들이 그를 따라서 나무둥치를 파서 배를 만들었다. 그 기술을 가르쳐 준 것도 은구란구라네였다. 첫 번째 카누들이 만들어지자, 사람들은 마치 악어 속을 파냈던 것처럼 나무를 파서 카누를 만들었다. 그때부터 팡족은 배를 타고 호수로 나갔고, 큰 물고기를 잡기 시작했다. 그 전에는 옹부르가 두려워서 호숫가의 잔물고기들만 잡았을 뿐이다.

그러나 그것이 끝이 아니었다. 성난 옹부르의 영혼은, 복수할 대상을 찾아서 살아있는 자들을 쫓아다니며, 마을들을 돌아다녔다. 그러나 가는 곳마다 자신의 살들이 걸려있었다. 결국, 그는 복수를 할 수 없었다. 은구란구라네는 종족의 원수를 갚았고, 그것이 그의 으뜸가는 의무였지만, 한편으로는 악어의 아들이기도 했다. 그래서 그는 사람들에게 성대한 장례축제를 열 것을 명했다. 그것은 죽은 자들의 영혼을 달래는, '팡키'라 부르는 거대한 축제였다. 여자들은 몇 날 며칠 동안 옹부르를 위해 통곡을 했다. 아침저녁으로 장례 울음소리가 울려 퍼졌다. 그동안 여자들은 머리를 풀어헤치고, 흙을 뒤집어쓴 채, 은구란구라네의 아버지인 옹부르를 위로하는 노래를 불렀다. 매일, 사자(死者)의 북이 울려 퍼졌고, 무용수들이 춤을 췄다. 은구란구라네가 모든 행사를 주재했다.

마침내 마지막 날이 되자, 사방에서 남자들과 여자들이 모였다. 은구란구라네는 마을 근처의 숲으로 사람들을 데리고 갔다. 그는 주위의 나무들을 베어 둥근 광장을 만들게 했다. 여자들은 점토를 가지고 왔고, 대 추장이 된 은구란구라네 자신이 직접 손으로 자기 아버지의 형상을 만들었다. 거대한 옹부르 상이 만들어지자, 사람들은 옹부르 상을 흰색과 검은색, 그리고 노란색과 붉은색으로 장식했다. 모든 것이 완전히 다 준비되자, 은구란구라네는 진흙 상 안에 옹부르의 뼈를 넣었다. 사람들은 옹부르의 상을 돌면서 춤을 추었다. 밤새도록 춤은 계속되었고, 북소리가 아침까지 울려 퍼졌다. 은구란구라네는 홀로 옹부르 상 앞으로 가서, 두 명의 남자를 제물로 바쳐서, 그 피를 옹부르 상에 뿌렸다. 제물들의 신체는 옹부르 상 근처에 놓였는데, 우선 제물의 머리를 옹부르 상의 머리 옆에 놓았다. 몸통 부근에는 몸통을 놓았고, 발 근처에는 발들이 놓였다. 모든 사람이 공물을 바치고 물러났다. 은구란구라네는 그들 모두에게 장례 선물을 주었다. 모든 것이 끝나자, 은구란구라네는 다음과 같이 명했다.

"우리는 매년 이렇게 옹부르를 섬길 것이다."

그때부터 팡족은 악어 제례를 하고 있다. 오늘날까지 거대한 악어의 모습을 한 옹부르는 은구란구라네의 후손들에게 여전히 '부족의 조상'으로 섬김을 받고 있다.

괴물 에부 전설

··· 가봉/팡족 전설

'에부'는 원래 숲에 사는 괴물이었다. 그는 동물의 피를 먹고 살았다.

옛날에 한 여자가 밭에 나갔다가, 암사슴 한 마리가 죽어있는 것을 발견했다. 그녀는 사슴을 망태기에 넣어서 기분 좋게 마을로 돌아왔다. 일 년 내내 여자는 다른 사람들은 아무도 모르는 그 장소에서 죽은 짐승들을 발견했는데, 그곳은 사실 에부가 사는 곳이었고, 죽은 짐승들은 에부가 피를 빨아먹고 버린 것이었다. 여자는 마을에서 여자 사냥꾼으로 통하게 되었고, 큰 명성을 얻었다. 그녀의 남편도 이렇게 능력 있는 아내를 두게 된 것에 대해서 매우 흡족해했다. 그녀의 아이들은 잘 먹게 되었고, 그녀의 형제들과 부모들, 심지어 손님들까지 그러했다. 여자는 누가 짐승들을 죽이는지 몰랐다. 그녀는 그것이 무척 궁금했었지만 알 수가 없었다.

그러던 어느 날, 비가 갠 아침에 여자는 여느 때와 같이 망태기를 들고 짐승을 거두는 장소로 갔다. 그곳에는 영양 한 마리가 막 죽어있었다. 여자가 영양을 담으려고 다가가는 순간, 여자는 에부가 영양의 피를 빨고 있는 것을 보았다.

여자를 본 에부가 말했다.

"너는 이곳에 무엇을 하러 온 것이냐? 여기는 내 땅이다."

여자는 겁에 질려서 에부와 친구가 되려고 왔다고 말했다. 그러면서 그녀는 에부에게 제안을 했다.

"제가 당신에게 담배와 소금을 드리겠습니다. 당신은 저에게 계속해서 짐승을 주십시오."

에부는 자신은 피만 먹고 살기 때문에, 여자의 제안에 관심이 없다고 말했다. 그러나 그는 영양의 피를 다 빨아먹고 난 뒤, 영양의 몸뚱이를 여자에게 주었다. 그리고 그는 그곳을 떠나려고 했다. 그러나 여자는 에부가 자신에게 크게 도움이 될 수 있겠다고 생각했다. 그래서 그녀는 에부를 마을로 데려오기 위해서 머리를 썼다. 그녀는 에부에게 자신과 같이 마을로 가면, 자기가 매일 짐승의 피를 주겠다고 제안했다. 그녀의 제안을 들은 에부는 그 제안이 나쁜 것 같지 않다고 생각했다. 그래서 에부는 그녀와 같이 마을로 가는 데 동의했다. 그러나 정작 문제는 에부를 어떻게 남의 눈에 띄지 않게 마을로 데려가느냐 하는 것이었다. 망태기에 담아서 갈까? 나뭇잎으로 싸야 하나? 여자의 머리가 복잡해졌다. 그러자 에부가 말했다.

"나를 데려가고 싶으면 입을 벌려라. 나는 매우 예민하기 때문에 나뭇가지 하나도 나를 다치게 할 수 있다."

여자가 입을 벌리자, 에부가 여자 뱃속으로 들어갔다. 그렇게 해서 그들은 무사히 마을로 들어왔다.

여자는 사실 부자였다. 그녀는 이미 많은 아이가 있었고, 닭과 뿔닭, 칠면조, 오리들이 가득한 커다란 가금사육장을 가지고 있었다. 거기에다가 한 떼의 염소와 양들도 있었다. 에부는 여자에게 자신의 마법들을 가르쳐 주었다. 특히 자신의 복제술을 가르쳤다. 그 대가로 에부가 배가 고플 때면, 여자는 가금사육장의 닭과 오리들을 제공했다. 그러나 에부는 매우 대식가였기 때문에, 닭 한두 마리의 피로는 어림도 없었다. 매 끼니마다 최소 대여섯 마리의 닭과 오리가 필요했다. 불과 몇 주 만에 가금사육장이 텅 비게 되었다. 여자는 할 수 없이 양과 염소들을 주었다.

몇 달이 지나자 양과 염소도 남아나지 않게 되었다. 그러자 여자는 이웃집의 짐승들을 훔쳐서 에부에게 주기 시작했다. 범인이 이웃집 여자일 것이라고는 전혀 생각하지 못했던 순진한 이웃들은 알 수 없는 괴물이 자신들의 가축을 잡아간다고 생각했다. 결국, 재난을 맞게 된 이웃들은 살던 집을 버리고 다른 곳으로 이주하기로 결정했다. 남편과 아이들과 혼자 남게 된 여자는 어떻게 해야 할지 몰랐다. 에부의 요구는 갈수록 거세졌다. 여자는 결국 자기 아이들을 희생하기로 했다. 이렇게 해서 에부는 인간의 피를 먹고 사는 데 맛을 들였다. 그는 더 이상 숲으로 돌아가지 않았다.

그날 이후로 에부는 마을에 살면서 수를 늘려갔다. 사람들은 아이들이 태어나면서 각자의 에부를 가지고 태어난다고 말한다. 그리고 수많은 죽음이 에부의 탓이라고 생각한다. 이것이 에부의 전설이다.

싸움의 비밀

··· 가봉/팡족 전설

어느 날, 매미가 싸움의 비밀을 알아냈다. 그는 그 비밀을 확인해 보고 싶어져서, 모든 동물과 싸움을 하기로 했다. 당장 매미는 길을 나서서 생쥐를 만났다.

"생쥐야, 너는 힘이 세니?" 매미가 물었다.

"힘이라면 말할 필요도 없지." 생쥐가 말했다.

"그러면 나와 싸워보자."

매미는 생쥐를 두 번이나 이기고, 무릎을 꿇게 했다. 매미는 다시 길을 가다가 가젤을 만났다.

"가젤아, 너는 힘이 세니?" 매미가 물었다.

"힘이라는 것은 눈에 보이지 않는 법이지." 가젤이 대답했다.

"그러면 나와 싸우자."

매미는 가젤을 땅바닥에 두 번이나 내동댕이치고, 무릎 꿇고 있게 했다. 매미는 계속 길을 가다가 이번에는 영양을 만났다.

"어이, 영양 씨. 당신은 힘이 센가?" 매미가 물었다.

"힘에 대해서는 아무도 나에게 의심을 하지 않지." 영양이 말했다.

"그러면 당장 나와 싸워보자."

영양은 두 번이나 나가떨어졌고, 수치스럽게 무릎을 꿇고 있어야 했다. 의기양양한 매미는 계속 길을 가다가 표범을 만났다.

"꼬마야, 너는 힘이 세니?" 매미가 물었다.

"너는 뭘 제대로 알고 하는 말이냐? 힘이라면 나에게 물을 필요가 없다." 표범이 가소롭다는 듯이 말했다.

"그러면 나와 싸우자."

표범은 두 번이나 나뭇잎처럼 힘없이 땅바닥에 나가떨어졌고, 굴욕스럽게 무릎을 꿇어야 했다. 매미는 모험을 계속해 나갔다. 그는 갑자기 멧돼지와 마주쳤다.

"야, 돼지야! 너는 힘이 세니?" 매미가 물었다.

"아무도 나에게 그런 말을 하지 않는다." 멧돼지가 씩씩거리며 말했다.

"그럼 당장 싸우자."

멧돼지는 두 번이나 잔가지처럼 땅바닥에 뒹굴어야 했고, 수치심을 느끼며 무릎을 꿇어야 했다. 매미는 계속 길을 가다가 마침내 코끼리 '마쑤'를 만났다.

"코끼리 양반, 당신은 힘이 세신가?" 매미가 물었다.

"그런 질문은 내 평생 처음 들어보는구나." 코끼리가 기가 찬다는 듯이 말했다.

"그럼 우리 서로 힘을 겨뤄보자."

코끼리는 두 번이나 땅바닥을 데굴데굴 굴렀고, 눈물을 뚝뚝 흘리며 무릎을 꿇었다.

모든 동물이 다 매미에게 패했다. 이제 매미가 '숲의 천재'라는 명성을 얻기 위해서는, 그 이름을 가지고 있는 거북이를 이기는 일만 남았다.

동물들은 이 작고 연약한 매미에게서 어떻게 그런 힘이 나오는지 알 수 없었다. 그 힘이 상상을 초월한 것이어서 놀라움은 더욱

컸다. 매미가 모든 동물들을 다 굴복시키다니! 그러나 그들은 매미의 힘이 상대방을 먼저 부르는 행위에서 나온다는 것을 알지 못했다. 매미가 상대방을 먼저 부르면, 상대방은 마법에 걸려서 모든 힘을 다 빼앗기는 것이었다.

거북이는 매미의 비밀을 알아내기 위해 매미를 만나기 전에 뛰어난 머리로 곰곰이 생각했고, 며칠 동안 숨어서 매미를 지켜보았다. 결국, 거북이는 매미의 힘이란 싸움을 하자고 상대편을 먼저 부르는 것에 지나지 않는다는 사실을 알아냈다.

어느 날, 거북이는 매미가 지나가는 길에 숨어서 기다렸다가, 매미가 나타나자 갑자기 몸을 드러냈다.

"어이, 매미야! 나와의 결투는 포기한 것이냐?"

"천만에, 내가 최고가 되기 위해서는 이제 너만 남았다. 네가 힘이 세다면, 나와 싸우자." 매미가 대답했다.

그러나 매미는 두 번이나 나가떨어졌고, 수치심을 느끼며 무릎을 꿇어야 했다.

고아소녀와 노파

··· 가봉/팡족 전설

한 여자가 딸을 낳고 얼마 되지 않아 죽었다. 그녀의 남편은 아이와 홀로 남게 되었다. 아이에게 젖을 줄 사람이 아무도 없었기 때문에, 그는 새 부인을 맞기로 했다. 그는 아주 못생긴 여자를 새 부인으로 맞았다. 딸이 눈부시게 아름다웠기 때문에, 계모는 더욱 추해 보였다.

계모도 딸을 낳았는데, 자기 엄마를 꼭 빼닮아서 못생겼다. 계모는 전처의 딸을 학대했다. 낮이나 밤이나 요리, 장보기, 잡일 등을 쉬지 않고 시켰다. 심지어 계모는 식사시간에도 아이에게 물을 길어오라고 숲속에 있는 샘으로 보냈다.

어느 날 아이는 울면서 샘으로 갔다. 그녀가 물을 긷고 있을 때, 한 노파가 나타났다. 노파는 피부가 온통 주름투성이였고, 몸도 아주 더러웠다. 노파가 여자아이에게 애원했다.

"애야, 마실 물을 좀 주렴."

여자아이가 샘에서 물을 떠서 노파에게 주었다. 물을 마시자마자, 노파는 눈 깜빡할 사이에 눈부시게 아름다운 젊은 여자로 변했다.

그녀는 여자아이를 바라보며 말했다.

"애야, 너는 내가 목이 마를 때 나에게 물을 주었다. 내 모습이 끔찍하게 추했는데도, 너는 나에게 다가와서 물을 주었구나. 너는 이제부터 살면서 지상에 있는 모든 행복을 만나게 될 것이다. 이제 네가 말하기 위해 입을 벌리기만 하면, 입에서 황금과 상아,

그리고 진귀한 보석들이 나올 것이다."

말을 마치고 그녀는 사라졌다.

여자아이가 마을로 돌아오자 계모가 초조하게 발을 구르고 있었다. 계모는 몽둥이를 들고 길모퉁이에서 여자아이를 기다렸다.

"샘에서 이렇게 오랫동안 무얼 한 것이냐?" 여자아이를 만난 계모가 다그쳤다.

여자아이는 아무런 말을 하지 않았다. 그러자 계모가 몽둥이로 아이를 때렸다. 여자아이가 울음이 터지면서 입을 벌리자, 그녀의 입에서 황금과 상아, 온갖 진귀한 보석들이 쏟아져 나왔다. 이 기적에 놀란 계모는 마을로 돌아와서 자기 딸을 불렀다.

"빨리 샘으로 가라. 그래서 너도 우리에게 이런 행복을 가져다 주어라." 계모가 자기 딸에게 명했다.

계모의 딸은 샘으로 갔다. 그녀도 추한 노파를 만났다. 노파는 계모의 딸에게 마실 물을 달라고 했다. 계모의 딸은 경멸하며 말했다.

"내 눈앞에 나타난 게 누구야? 당신은 누구야? 당장 내 눈앞에서 꺼져요!"

그러면서 계모의 딸은 노파를 온갖 방법으로 모욕했다. 그녀가 마지막 말을 마치자마자, 노파는 그녀의 눈앞에서 아름답고 우아한 공주로 변했다. 그녀는 계모의 딸에게 말했다.

"너는 내가 물을 달라고 했을 때 나에게 물을 주지 않았다. 또한, 너는 온갖 방법으로 나를 모욕했다. 너는 이제부터 살면서 지상에 있는 모든 불행을 만나게 될 것이다. 이제 네가 말하기 위해 입을 벌리면, 입에서 개구리와 두꺼비, 그리고 독사와 온갖 종류의 뱀들이 나올 것이다."

당황한 계모의 딸은 마을로 돌아왔다. 계모가 초조하게 그녀를 기다리고 있었다. 딸이 도착하자마자 계모는 몽둥이로 딸의 등짝을 치면서 말했다.

"빨리 말을 해!"

계모의 딸은 울음을 터트렸다. 그녀가 입을 열자마자 입에서 독사, 개구리, 두꺼비들이 튀어나왔다. 질겁한 계모는 딸을 마을에서 쫓아버렸다.

아버지와 아들

··· 가봉/팡족 전설

어떤 마을에 홀아비가 살고 있었다. 예전에 그는 부자였고, 부인도 여럿 있었다. 그러나 어느 날 그는 돈이 다 떨어지게 되었고, 아이들과 부인들, 노예들, 심지어 모든 가축까지 병에 걸려 죽었다. 오직 한 아들만이 살아남았는데, 전염병이 돌던 때에 삼촌의 집에 가 있었기 때문이었다. 그 아들은 마을에서 가장 용감하고, 가장 날렵한 젊은이였다.

어느 날 아침, 남자는 아들을 불렀다.

"이곳을 떠나자. 이 초상집 분위기의 무덤들로부터 멀리 떨어진 곳으로 가서 사는 것이 낫겠다." 남자가 아들에게 말했다.

그들이 새로운 마을에 정착하게 되자, 불행 속에서도 아직 정신을 잃지 않은 홀아비는 아들에게 사냥을 해오라고 명했다. 사냥만이 그들이 먹고살고, 다시 돈을 벌 수 있는 유일한 수단이었다.

홀아비가 아들에게 말했다.

"숲은 아주 넓고, 사람들이 거의 다니지 않는다. 일주일만 사냥하면 너는 충분히 지참금을 모을 수 있을 것이다. 너는 훌륭한 사냥꾼이고, 너 자신이 용맹하다는 것을 알고 있으니, 지체하지 말고 서둘러서 네가 필요한 덫을 놓기 위한 칡 줄기들은 찾아라. 그렇지만 너의 사냥이 더욱 잘되게 하기 위해서, 이제부터 네 이름을 '음바보몬디닌딘(참을성, 인내)'라고 부르도록 해라. 그리고 네 아버지인 나는 '보몬디닌딘'이라 부르도록 하겠다. 만일 어떤 위험이 닥치게 되면, 위험에서 벗어나기 위해서 나의 새 이름을 부르기만 하면 된다."

그러나 아버지의 제안은 아들의 마음에 들지 않았다. 아들은 아버지에게 불평했다. 그러자 아버지가 다시 말했다.

"나는 네 아비다. 너는 내가 낳은 자식이고, 나는 너에게 도움이 될 만한 것을 제안하는 것이다."

그러자 아들이 반발했다.

"제가 아버지 아들이고, 모든 아버지가 아들에게 그렇듯이, 아버지는 아들에게 신과 같은 존재이긴 하지만, 지금은 제가 아버지 같은 위치예요. 아버지는 아무것도 하지 않으시고, 내가 일해서 아버지를 먹여 살리고 있어요. 그런데 아버지는 아직도 내가 어린아이 때처럼 아버지에게 복종하기를 바라고 계세요. 이제 반대로 제가 아버지의 이름을 가지고, 아버지가 음바보몬디닌딘이라는 제 이름을 가지셔야 해요."

아버지는 더 이상 대응을 하지 않고, 아들의 제안을 받아들이기로 했다. 아들은 아버지의 이름을 자신이 가지게 되어서 기분이 좋아졌다. 그는 집안의 아버지가 된 것에 대해서 의기양양했다. 그때부터 그는 자신을 '보몬디닌딘'이라 불렀고, 아버지는 '음바보몬디닌딘'이 되었다.

사냥도구가 모두 준비되자, 아들은 사냥하러 숲으로 들어갔다. 그는 온 종일 덫을 설치하고, 올가미를 놓고, 끈끈이를 발랐다. 모든 설치가 끝나고 해 질 무렵이 돼서야 아들은 집으로 돌아왔다.

다음 날 아침, 아들은 전날 설치해 놓은 덫을 살피러 갔다. 덫마다 사슴, 멧돼지, 고슴도치, 천산갑, 그리고 다른 많은 동물이 잡혀있었다. 집으로 가져오기 위해, 그는 사냥감들을 한데 묶어서 엄청나게 큰 짐 꾸러미를 만들었다. 아들은 짐을 그의 튼튼한 어깨에 메고 아버지가 기다리는 집으로 걷기 시작했다. 그러나 짐이 너무 무거웠기 때문에, 그는 돌아오는 길에 짐을 잠시 내려 놓고, 그 옆에 앉아서 쉬었다. 죽도록 힘들었기 때문에, 아들은 피로가 물러가게 하려고 아버지의 이름을 불러야겠다고 생각했다. 아들은 '음바보몬디닌딘!'하고 아버지의 이름을 불렀다, 그러나 그것은 원래 자신의 이름이었다. 그 이름을 부르자마자, 눈에 보이지 않는 괴물이 천둥소리와 함께 나타나 순식간에 사냥감을 빼앗아 가버렸다. 아들은 너무도 놀라고 겁에 질려서 꼼짝 못 하고 있었다. 정신을 차리고 난 뒤, 괴물이 사라진 뒤를 쫓아가 보았지만 헛일이었다. 그는 낙심해서 고개를 숙인 채 마을로 돌아왔다.

아버지는 아들을 보자마자, 늙은이들이 흔히 그러하듯 한숨을 쉬면서, 아들의 경솔함을 나무랐다.

"사냥은 잘 되었느냐?" 아버지가 아들을 비웃으며 물었다.

"아주 잘 되었어요. 그런데..." 아들이 대답했다.

그러나 아들은 아버지에게 무슨 일이 있었는지는 말하지 않았다. 자신이 이름을 잘못 불러서 사냥감을 날렸다는 이야기를 하면, 아버지에게 얕보일까 두려웠기 때문이었다.

그러나 아버지는 무슨 일이 있었는지 다 알고 있었다.

한 달 내내, 아들은 계속 사냥을 나갔지만, 한 마리의 사냥감도 집에 가져오지 못했다. 마침내 어느 날 아들은 자신의 잘못을 깨달았다. 아들은 아버지에게 복종하지 않고 허영심에 가득 차서 아버지에게 함부로 행동한 것에 대해서 후회했다. 그는 용기를 내서 아버지에게 가서 진심으로 자신의 잘못을 뉘우쳤다. 그리고 자만심에 차서 자신이 차지했던 아버지의 이름을 돌려주었다.

"이제야 네가 아버지의 가치를 깨달았구나. 다시 숲으로 가거라." 아버지가 말했다.

아들은 아버지의 말에 복종하면서 다시 숲으로 갔다. 그는 다시 덫을 설치해서 많은 짐승을 잡았다. 사냥감을 가지고 집으로 돌아오면서, 아들은 어려움이 닥칠 때마다 아버지의 이름을 불렀다. 그때마다 무거운 짐을 지고 있었지만 새로운 힘이 생겨났다. 결국, 아들은 처음으로 많은 짐승을 가지고 집으로 무사히 돌아올 수 있었다. 아버지는 아들이 밝은 얼굴로 집으로 돌아오는 것을 보고 만족했다. 그는 아들을 힘껏 껴안아 주었다.

아들은 사냥한 짐승들을 팔아서 마침내 지참금을 마련할 수 있었다. 그 모든 것을 그는 아버지와 상의해서 진행했다. 아들은 결혼할 수 있게 되었고, 가정을 꾸리게 되었다. 그는 많은 아이를 낳게 되었고, 그 지방에서 가장 부유하고 명성이 높은 사람이 되었다.

아·프·리·카·의·신·화·와·전·설

제 2 장
앙골라 신화와 전설

은주아 키마나우에제 신화

… 앙골라/암분두족 신화

'키마나우에제'는 많은 친구를 가진 부족장이었다. 그의 첫째 부인이 임신했을 때, 부인은 일체의 고기나 음식을 먹지 않고, 물고기를 먹고 싶어 했다. 키마나우에제는 전령인 '카투무아'에게 명했다.

"루칼라 강으로 가서 물고기를 잡아 오너라. 첫째 부인이 고기를 먹지 않는다."

카투무아는 그물을 들고 루칼라 강으로 갔다. 그는 물고기를 잡아서 첫째 부인에게 대령하였고, 첫째 부인은 그 물고기를 요리해서 먹었다.

다음날 부인이 말했다.

"카트무아, 내가 무엇을 먹어야 하지? 그물을 가지고 물고기를 잡으러 가거라."

카트무아는 많은 물고기를 잡아 와서 첫째 부인에게 가져다주었고, 부인은 그 물고기들을 하루 만에 다 먹어버렸다.

그렇게 첫째 부인은 몇 달 동안 다른 음식은 일절 먹지 않고, 물고기만 먹고 살았다.

어느 날, 카트무아가 물고기를 잡으러 가서 그물을 잡아당기자, 그물이 매우 무거웠다. 그는 다시 그물을 잡아당겼지만 그물은 쉽사리 끌려오지 않았다.

"물 밑에서 그물을 잡아당기는 놈이 물귀신이냐, 악어냐? 나는 빈손으로 돌아가면 안 된단 말이다!" 카트무아가 이렇게 말하면서 있는 힘껏 그물을 끌어 올렸다.

마침내 그물이 물 밖으로 나왔다. 카트무아가 그물 안을 들여다보자, 그 안에는 어떤 괴물이 들어있었다. 더럭 겁이 난 카트무아는 그물을 내 던지고 도망치려고 했다. 그러자 그물 안에 있던 괴물이 말했다.

"도망치지 말아라. 거기 서라!"

카트무아는 발이 얼어붙었다. 그가 그물을 걷어내자, 괴물은 땅으로 나왔다. 카트무아는 겁에 질려서 몸을 벌벌 떨었다.

"나는 이 강의 신 '루칼라'다. 돌아가서 너에게 물고기를 잡아오라고 시킨, 키마나우에제와 첫째 부인을 데리고 와라." 루칼라가 말했다.

카트무아는 서둘러서 집으로 돌아왔다. 얼마나 정신이 없었는지, 자신의 옷도 물가에 그냥 놔두고 왔다. 그가 돌아오자 사람들이 그에게 말했다.

"카트무아, 어째서 너는 벌거벗은 채로 돌아다니는 거냐? 미친 것이냐?"

"제발 나를 내버려 두세요. 추장님에게 가서 설명해야 해요." 카트무아가 말했다.

카트무아가 궁정에 도착하자 키마나우에제가 물었다.

"어찌된 일이냐? 설명해 보아라."

"제가 그물을 끌어당기니 강의 신 '루칼라'가 나타났습니다. 그는 나에게 돌아가서 너의 왕과 여왕을 데려오라고 말했습니다.

맹세코, 이 말은 진실입니다." 카트무아가 말했다.

"잘 알았다. 여왕은 옷을 갖춰 입으시오. 우리를 오라고 한 곳으로 가봅시다." 키마나우에제가 말했다.

여왕은 한껏 치장했고, 키마나우에제 자신도 가장 좋은 옷을 입었다. 그들은 신하와 카트무아를 데리고 루칼라 강으로 갔다. 그곳에 가보니 루칼라가 의자에 앉아 있었다. 그들은 두려움에 휩싸였다.

"두려워하지 말아라. 내가 원하는 것을 말할 수 있도록 가까이 오라." 루칼라가 말했다.

그들은 모두 바닥에 앉았다. 루칼라가 말했다.

"친구들을 좋아하는 키마나우에제여, 네가 이 땅에 나라를 세우러 왔을 때, 너는 성실하게 강으로 나를 찾아 왔었다. 그리하여 너는 내 땅에 나라를 세웠다. 이제 네 아내가 임신했다. 그런데 네 아내는 다른 음식은 먹지 않고, 오직 물고기들만 먹는다. 매일 매일 물고기만 먹는다. 그것은 내 백성들을 먹는 것이다. 어째서이냐? 그녀의 임신이 내 백성들의 씨를 말리고 있다. 곧 그녀는 아이를 낳게 될 것이다. 만일 딸을 낳게 되면, 그 아이는 내 아내가 되어야 한다. 아이를 나에게 데려와라. 만일 아들을 낳는다면, 그는 내 친구가 되거나 나를 본떠서 이름을 지어야 한다. 나 루칼라는 할 말을 다했다. 가겠다."

키마나우에제가 말했다.

"신이시여, 잘 알겠습니다. 앞으로 우리가 어떻게 하여야 합니까?"

그가 동의하고 고개를 들어 강의 신이 있던 자리를 바라보았지만, 루칼라는 이미 사라진 뒤였다.

그들은 일어나서 집으로 돌아왔다. 그들은 그 뒤로도 똑같이 생활했고, 카트무아는 계속 물고기를 잡으러 갔다.

그러던 어느 날, 여왕이 아들을 출산했다. 키마나우에제는 아들의 이름을 '은주아'라고 지었다. 키마나우에제는 염소를 잡아서 여왕의 출산을 도운 사람들에게 상으로 주었다. 그들은 똑같이 생활하면서 아이를 키웠다.

은주아는 성장해서 결혼할 나이가 되었다. 어느 날, 키마나우에제의 꿈에 루칼라가 나타나서 말했다.

"내 친구를 데려와라. 나는 이곳에서 그 아이와 지내겠다. 만일 네가 아이를 데려오지 않는다면, 나는 아이를 죽일 것이다."

잠에서 깨어난 키마나우에제가 부인과 아들에게 말했다.

"부인, 어떻게 하면 좋겠소? 내 아들 '은주아'야, 강의 신이 너를 원하고 있단다."

은주아는 그 말을 듣고 겁에 질려 말했다.

"내가 어떻게 해야 하나요? 저 은주아 키마나우에제는 어디로 도망가야 하나요?"

그의 아버지가 말했다.

"나도 어떻게 해야 할지를 모르겠구나. 이리 오너라. 내가 너에게 세 가지 물건을 주마. 이것은 원래 너의 것이다. 자, 이제 어디로든 가거라."

키마나우에제는 두 명의 노예를 뽑아서 아들에게 주며 말했다.

"두 명의 노예를 받거라."

그리고 그는 타고 갈 두 마리의 황소와 두 마리의 암염소, 그리고 두 마리의 암퇘지를 주면서 말했다.

"너의 식량이다. 네가 어디를 가든, 길을 가면서 먹도록 해라. 이제 곧, 우리는 더 이상 볼 수 없게 될 것이다. 네가 어디를 가든, 강을 건너지 않도록 해라. 강을 만나면, 강을 따라 올라가서 강의 원천을 돌아가야 한다."

아들은 알겠노라고 했다.

은주아는 아버지가 준 것들을 가지고 길을 떠났다. 그는 황소에 올라탔고, 노예들이 그 뒤를 따랐다. 그들은 들판을 가로질러 수풀로 들어갔다. 매일 매일 길을 가면서, 그들은 강을 만나면 언제나 돌아서 갔다.

50일째 되던 날, 그들은 숲 한가운데 있는 넓은 공터에 도착했다. 그곳에는 모든 동물과 곤충들, 그리고 모든 물고기와 모든 새가 모여 있었다. 신이 창조한 모든 동물이 있었다. 그들이 모두 모인 이유는 그들이 사슴 한 마리를 잡았기 때문이었다. 그러나 동물 중 누구도 그 사슴 고기를 모든 동물이 먹을 수 있도록 잘라 낼 수 없었다.

동물들은 은주아를 보자 말했다.

"우리는 운이 좋구나."

은주아는 두려움에 사로잡혔다. 그러나 동물들이 말했다.

"우리는 사슴고기를 배분해줄 사람이 필요하다. 네가 하도록 해라!"

은주아가 말했다.

"동물들이 이렇게 많고, 사슴은 한 마리뿐인데, 내가 어떻게 고기를 나눌 수 있겠습니까?"

동물들이 말했다.

"시끄럽다! 모든 동물이 다 먹을 수 있도록 잘 나누어 잘라라."

할 수 없이 은주아는 사슴고기를 잘게 잘라서, 동물들에게 나누어 주었다. 그러나 사슴고기는 금방 동이 났다. 고기조각을 배분받지 못한 동물들이 말했다.

"우리 모두에게 똑같이 돌아가도록 잘 자르라고 하지 않았느냐?"

그러자 은주아는 자신의 황소들과 염소들, 돼지들을 잡아서 고기로 나누어 주었다. 그렇지만 그것으로도 충분하지 않았다. 아직도 고기를 받지 못한 동물들이 많았다. 은주아는 개들도 죽여서 나누어 주었지만, 여전히 모자랐다. 은주아는 마지막으로 노예들을 잡아서 나누어 주었다. 이제 그에게는 아무것도 남아 있지 않게 되었다. 그러자 동물들이 말했다.

"이제 되었다. 우리는 만족한다. 너는 네가 가진 모든 것을 우리에게 나누어 주었다."

사자가 말했다.

"이리 오너라. 두려워하지 말고 입을 벌려라."

은주아가 가까이 가서 입을 벌리자, 사자는 은주아 입에 침을 뱉고 말했다.

"네가 급하게 필요한 일이 있게 되는 날에는 '텔레지! 빚을 갚아라!'라고 말해라."

늑대도 말했다.

"이리 와서 입을 벌려라"

은주아가 입을 벌리자 늑대도 그의 입에 침을 뱉고 말했다.

"급한 필요가 있는 날에 '텔레지! 정령의 숲에 사는 아세가이 늑대여!'라고 말해라.

야생 고양이가 말했다.

"나는 '텔레지! 표범 같은 야생 고양이여' 라고 말해."

표범이 말했다.

"나는 '텔레지! 표범아!'라고만 하면 돼."

이런 식으로 자칼, 매, 모든 동물과 새들, 곤충들이 은주아에게 축복을 해 주었다.

축복을 마치자 그들은 은주아에게 떠나라고 했다.

은주아는 자신의 지팡이를 들고 혼자서 숲을 떠났다. 오랫동안 길을 걷다가 발이 아프자, 그는 "텔레지! 매야!"라고 말했다. 그러자 그는 곧 매로 변해서 하늘로 날아갔다. 한참을 날다가 "텔레지, 사람!"이라고 말하자 그는 다시 사람으로 돌아왔다. 이런 식으로 그는 모든 동물과 곤충으로 변신할 수 있었다.

한참을 혼자 여행하던 은주아는 '루안다'로 가기로 했다. 루안다는 앙골라에서 가장 큰 도시였지만, 은주아는 그곳에 한 번도 가본 적이 없었기 때문이었다. 은주아는 곧 매로 변신해서 루안다로 날아갔다. 루안다에 도착하자, 그는 하늘에서 원을 그리며 도시를 살펴보았다. 도시에서 가장 크고 좋은 건물이 눈에 띄었다. 그것은 총독의 집이었다. 은주아는 '텔레지! 작은새야!'라고 외쳤다. 그는 곧 작은 새로 변해서 총독의 집으로 날아갔다. 총독의 집에서는 총독의 딸인 '마리아'가 베란다에서 바느질을 하고 있었다. 마리아는 마당에 작은 새가 날아드는 것을 보았다.

"아, 정말 예쁜 새구나! 어떻게 하면 잡을 수 있을까?" 마리아가 말했다.

그녀는 손수건을 꺼내서 마당에 펼쳐 놓았다. 작은 새는 손수건 위로 내려앉았다. 마리아는 조심스럽게 작은 새를 잡았고, 작은 새는 순순히 마리아의 손 위에 앉았다.

"이 새를 어디에 놓아둘까?"

마리아는 하인들에게 황금 새장을 만들라고 말했다. 새장이 만들어지자, 마리아는 작은 새를 그 안에 넣어서 자기 방으로 가져갔다. 마리아는 작은 새에게 모이를 주었지만, 작은 새는 먹으려 하지 않았다. 그녀는 유럽에서 가져온 다른 음식도 주어보았지만, 소용이 없었다. 결국, 그녀는 그날은 먹이를 주는 것을 포기하였다.

마리아는 새벽에 일어나서 식사하는 습관이 있었다. 그래서 하녀들이 저녁에 미리 그녀의 식사를 테이블에 차려놓고 자곤 했다. 밤이 되자 작은 새가 말했다.

"텔레지! 개미가 되라."

작은 새는 개미로 변해서 새장을 빠져나왔다. 개미는 식탁으로 올라가서 "텔레지! 사람"하고 말했다. 사람으로 돌아온 은주아는 식탁 위의 음식을 다 먹고, 다시 새장 속의 작은 새가 되었다.

새벽 첫닭이 울자, 마리아는 일어나서 식탁으로 갔다. 그러나 식탁은 깨끗이 비어 있었다. 누군가가 자신의 음식을 다 먹어버린 것을 보고 화가 난 마리아는 하녀들을 불러서 꾸짖었다.

"너희들, 내 음식을 누가 먹은 것이냐?"

"아가씨, 저희는 알지 못합니다. 저희는 음식을 먹지 않았어요." 하녀들이 말했다.

그러나 마리아는 그 말을 믿지 않고 더욱더 하녀들을 꾸짖었다.

억울한 하녀들은 범인을 잡기 위해서, 그날 밤 숨어서 식탁을 지켜보기로 했다. 한밤중이 되자 작은 새는 개미로 변해서 새장을 빠져나와 훌륭한 옷을 입은 남자로 변했다. 그 광경에 너무 놀란 시녀들은 그가 식사를 마칠 때까지 아무 말도 못 했다. 남자는 다시 작은 새로 돌아갔고, 아침이 되자 하녀들은 마리아에게 자신들이 본 것을 빠짐없이 말했다. 마리아는 처음에는 그 말을 믿지 않으려고 했지만, 하녀들이 하도 강하게 주장했기에 그날 저녁 자신이 숨어서 지켜보기로 했다.

밤이 되자 작은 새는 은주아로 변해서 음식을 차려 놓은 식탁으로 갔다. 은주아의 모습을 본 마리아는 그의 모습에 한눈에 반하고 말았다. 그녀는 자신도 모르게 은주아에게 다가가서 그의 팔을 잡았다. 은주아는 잠시 놀라기는 했지만, 곧 두 남녀는 서로를 한참 동안 바라보았다. 서로 사랑에 빠진 두 연인은 새벽이 될 때까지 그렇게 있었다.

날이 밝자 은주아는 마리아를 데리고 총독을 찾아가서 그녀와 결혼하고 싶다는 뜻을 밝혔다. 은주아를 본 총독은 마리아에게 물었다.

"마리아, 너는 이 남자와 결혼하고 싶으냐?"

마리아가 그렇다고 대답했다. 그러자 총독이 말했다.

"좋다. 은주아, 네가 한 가지 임무를 완수한다면 내 딸을 너에게 주겠다. 그 임무는 잃어버린 내 둘째 딸을 찾아오는 것이다. 그녀는 지금 포르투갈에 있는데, 정확히 어느 곳에 있는지는 아무도 모른다. 만일 네가 내 막내딸을 찾아온다면, 나는 너에게 총독 자리를 물려주겠다."

은주아는 총독의 제안에 동의했다.

"포르투갈에 도착해서 쓰레기장에서 재를 뿌리고 있는 젊은 여자를 보면, 그녀가 내 딸인 줄 알아라." 총독이 덧붙였다.

은주아는 마리아에게 작별 인사를 하고 길을 나섰다. 은주아는 "텔레지! 매야"라고 말하고 매로 변해서 포르투갈로 날아갔다. 포르투갈에 도착한 은주아는 며칠 동안 하늘을 날아다닌 끝에 어떤 집에서 젊은 여자가 나오는 것을 보았다. 그녀는 쓰레기장에 가서 재를 뿌렸다.

"아, 내 삶이 얼마나 비참한지!" 젊은 여자가 중얼거렸다.

그 말을 들은 은주아는 그녀가 자신이 찾던 총독의 딸임을 알았다. 그는 곧 "텔레지, 독수리"라고 외치면서 독수리로 변했다. 독수리는 하늘에서 쏜살같이 내려와서, 젊은 여자를 발로 움켜쥐고 다시 하늘로 날아올랐다. 그것을 본 사람들이 모두 외쳤다.

"저것 봐! 독수리가 사람을 잡아가고 있어!"

그러나 독수리는 하늘 높아 날아올라서, 곧 사람들의 시선에서 사라졌다. 하늘 높이 날아서 단번에 루안다까지 날아온 독수리는, 여자를 땅에 내려놓고 다시 사람으로 변했다. 사람으로 변신한 은주아는 놀란 여자를 안심시키면서, 지초지정을 다 설명해 주었다. 은주아는 여자를 데리고 총독의 집으로 가서 먼저 마리아를 만났다. 마리아는 자신의 동생을 만나게 되어서 놀라면서도 기뻐했다.

다음 날, 은주아와 마리아는 동생을 데리고 총독을 찾아갔다. 총독은 기뻐하면서 말했다.

"매우 잘했다, 은주아. 너는 총독의 권한을 얻을 자격이 있다. 이제 이 영광은 너의 것이다."

이렇게 해서 은주아는 마리아와 결혼하고, 총독이 되었다. 은주아, 마리아, 그리고 그녀의 여동생은 모두 같이 살았다.

키마나우에제의 아들과 해와 달의 딸
··· 앙골라/암분두족 신화

'키마나우에제'에게는 아들이 있었다. 그 아들이 성장해서 결혼할 나이가 되자, 아버지가 아들에게 말했다.
"이제 결혼을 해라."
그러자 아들이 말했다.
"저는 지상에 있는 여인과는 결혼하지 않겠습니다."
"그러면 누구와 결혼하겠다는 말이냐?" 아버지가 물었다.
"나는 해님과 달님의 딸과 결혼해야 합니다." 아들이 대답했다.
그 말을 들은 사람들이 말했다.
"해님과 달님의 딸이 사는 천국에 누가 갈 수 있단 말인가?"
"정말이지 저는 그녀를 원합니다. 지상의 여자와는 절대로 결혼하지 않을 겁니다." 아들이 말했다.
키마나우에제의 아들은 해에게 청혼의 편지를 썼다. 그는 그 편지를 사슴에게 주었다. 그러나 사슴이 말했다.
"저는 천국에 갈 수 없습니다."
그는 다시 영양에게 편지를 주었다. 그러나 영양도 말했다.
"저는 천국에 갈 수 없습니다."
그는 다시 매에게 편지를 주었다. 그러나 매도 말했다.
"저는 천국에 갈 수 없습니다."
그는 독수리에게 편지를 주었다. 독수리가 말했다.
"저는 중간 정도까지는 갈 수 있지만, 천국까지는 갈 수 없습니다."

그 말을 들은 젊은이는 낙담했다.

"아무도 천국에 갈 방법이 없다면, 어찌해야 할까?"

개구리가 키마나우에제의 아들을 찾아와서 말했다.

"젊은 주인님, 제가 가겠습니다. 저에게 편지를 주세요."

"저리 가거라! 날개 달린 새들도 못 간다는 곳을 네가 가겠다고? 네가 그곳을 어떻게 간다는 말이냐?" 젊은이가 말했다.

"주인님, 저는 할 수 있어요." 개구리가 말했다.

그러자 키마나우에제의 아들은 개구리에게 편지를 주면서 말했다.

"만일 네가 그곳에 도착하지 못하거나, 편지를 전하지 못하고 오면 크게 벌을 받을 줄 알아라."

당시에 천국의 사람들은 물을 긷기 위해 지상의 우물로 내려오곤 했다. 개구리는 우물로 갔다. 개구리는 편지를 입안에 넣고 우물 안으로 뛰어들어갔다. 그리고 그곳에서 천국의 사람들이 물을 길으러 오기를 기다렸다. 마침내 천국의 시녀들이 물을 길으러 우물로 왔다. 그녀들은 두레박을 우물로 던졌고, 개구리는 재빨리 두레박에 올라탔다. 물을 다 긷자, 시녀들은 거미줄을 타고 천국으로 올라갔다. 그녀들은 개구리가 두레박 안에 숨어 있다는 사실을 꿈에도 알지 못했다. 천국에 도착하자 시녀들은 두레박을 내려놓고 일을 보러 갔다. 개구리는 두레박에서 나왔다. 그곳은 지상에서 길어온 물을 보관하는 방이었는데, 거기에는 탁자가 하나 있었다. 개구리는 편지를 뱉어서 탁자 위에 올려 놓고, 구석에 숨었다.

잠시 후 해가 그 방으로 들어왔다. 해는 탁자 위에 놓여 있는 편지를 발견했다. 그는 시녀들을 불러서 물어보았다.

"이 편지는 어디에서 온 것이냐?"

"폐하, 저희는 알지 못합니다." 시녀들이 대답했다.

해가 편지를 읽어보니, 키마나우에제의 아들이 자신의 딸과 결혼하고 싶다는 내용이었다. 해는 속으로 생각했다.

"키마나우에제는 지상에서 살고, 나는 천국에서 사는 데, 그가 어떻게 이 편지를 가지고 올 수 있겠는가?" 그는 편지를 버리라고 했다.

해가 편지를 읽고 나가자, 개구리는 다시 두레박에 숨었다. 천국에 물이 떨어지자, 시녀들이 다시 물을 긷기 위해 지상으로 두레박을 가지고 내려왔다. 시녀들이 두레박을 우물에 던지자 개구리는 밖으로 나왔다. 시녀들이 하늘로 올라가자, 우물에서 나온 개구리는 마을로 가서 키마나우에제의 아들을 찾아갔다. 며칠 동안 초조하게 기다리던 키마나우에제의 아들이 말했다.

"그래, 개굴아, 어떻게, 가서 편지를 전달하였느냐?"

"주인님, 저는 편지를 전달하였습니다. 그렇지만 그들은 아직 답장을 하지 않았습니다." 개구리가 말했다.

"거짓말하지 말아라. 너는 천국에 가지 못했구나." 키마나우에제의 아들이 말했다.

"주인님, 제가 천국에 간 것은 틀림없습니다." 개구리가 말했다.

일주일 후, 키마나우에제의 아들은 지난번에 보낸 편지의 답장을 촉구하는 편지를 다시 썼다.

"해님과 달님이시여, 저는 당신들에게 편지를 보냈습니다. 그러나 당신들은 결혼을 승낙하는지 거절하는지 답장을 주지 않으셨습니다."

편지를 다 쓴 그는 다시 개구리를 불러서 편지를 주었다. 개구리는 다시 우물로 가서 편지를 입안에 넣고 두레박에 숨어서 천국으로 올라갔다. 개구리는 또 편지를 탁자 위에 놓아두고 구석에 숨었다.

해가 다시 그 방에 왔다가 편지를 발견하였다. 편지에는 키마나우에제의 아들이 자신의 대답을 촉구하는 내용이 들어있었다. 편지를 읽은 해는 키마나우에제의 아들에게 답장을 썼다.

"너는 내 딸과 결혼 하고 싶다고 편지를 보냈다. 만일 네가 나에게 선물을 보낸다면, 나도 동의하겠다. 네가 보낸 선물을 통해서 네가 누구인지 알 수 있을 것이다."

편지를 다 쓴 해는 편지를 탁자 위에 올려놓았다. 해가 나가자, 개구리는 숨어 있던 곳에서 나와서 편지를 가지고 두레박에 숨었다. 그리고 시녀들이 물을 길으러 지상으로 내려올 때 무사히 돌아왔다. 밤이 되자 개구리는 해의 편지를 가지고 키마나우에제의 아들을 찾아갔다. 문을 두드리자 키마나우에제의 아들이 물었다.

"누구냐?"

"접니다. 개구리 '마이누'입니다."

키마나우에제의 아들이 문을 열고 개구리를 반겼다. 편지를 읽어본 키마나우에제의 아들은 개구리 마이누의 말이 사실임을 알았다.

아침이 되자 키마나우에제의 아들은 40 마쿠타[1]를 준비하고 편지를 썼다.

---

1) 앙골라 화폐(동전)의 단위 – 옮긴 이

"해님과 달님이시여, 저의 선물을 보냅니다. 다음번에는 구애 선물을 보내도록 하겠습니다. 어떠한 구애 선물을 원하시는지 알려주시기 바랍니다."

편지를 다 쓴 그는 개구리 마이누를 불러서 편지와 돈을 전달했다. 개구리 마이누는 다시 천국으로 올라가서 편지와 돈을 탁자 위에 올려놓았다. 해는 편지와 돈을 받아보고, 아내인 달을 불러서 예비 사위에게서 온 소식을 전했다. 달도 만족했다. 해가 말했다.

"누가 편지를 가지고 왔느냐? 그가 누구인지는 모르지만 잘 대접해야겠다. 누가 그를 위해 요리를 하겠느냐?"

"제가 하겠어요. 요리해서 편지가 있던 탁자 위에 차려 놓겠어요." 달이 대답했다.

"좋소." 해님이 말했다.

달은 암탉을 잡아서 요리하고, 옥수수죽과 함께 탁자 위에 놓았다. 밤이 되자 개구리가 나와서 음식을 먹었다.

해는 다음과 같이 편지를 썼다.

"장래의 내 사위여, 자네가 보내준 선물은 잘 받았네. 구애 선물로는 한 자루의 돈을 보내주기를 바라네."

그는 편지를 탁자 위에 올려놓았고, 개구리 마이누는 그 편지를 키마나우에제의 아들에게 전달했다. 일주일 후에 구애 선물로 보낼 한 자루의 돈이 마련되자, 키마나우에제의 아들은 다시 개구리를 불렀다. 그는 다음과 같이 편지를 써서 개구리에게 주었다.

"장인 장모님께, 구애 선물을 보내 드립니다. 조만간에 날을 잡아서 제 신부를 데려오도록 하겠습니다."

해는 편지와 돈을 받고 매우 만족해서, 부인인 달에게 보여주었다. 달도 만족하였다. 그들은 새끼돼지를 잡아서 요리하여 탁자 위에 올려놓았고, 개구리는 돼지요리를 맛있게 먹었다.

아침이 되자, 개구리 마이누가 돌아와서 키마나우에제의 아들에게 말했다.

"주인님, 구애 선물을 잘 전달했습니다. 그들은 그것을 받고 새끼돼지 요리를 대접했습니다. 이제 주인님께서 신부를 집으로 데려올 날짜를 정할 차례입니다."

"잘 알겠다." 키마나우에제의 아들이 말했다.

그러나 열흘 하고도 이틀이 더 지나도록 키마나우에제의 아들은 신부를 데려오는 날을 정하지 못했다. 마침내 키마나우에제의 아들이 마이누에게 말했다.

"나는 천국에 가서 신부를 데려올 사람들이 필요한데, 그럴 수 있는 사람들을 찾을 수가 없구나. 모두가 다 자기들은 천국에 갈 수가 없다고 하니 어떻게 하면 좋겠느냐, 개굴아?"

"주인님, 걱정하지 마십시오. 제가 할 수 있습니다. 제가 신부를 데려오도록 하겠습니다." 마이누가 말했다.

"아니, 너도 할 수 없을 거다. 너는 편지를 전달할 수는 있었지만, 신부를 집으로 데려오는 일은 너에게도 불가능할 것이다."

개구리가 다시 말했다.

"주인님, 걱정하지 마세요. 저는 정말로 신부를 집에 오게 만들 수 있습니다. 저를 얕보지 마세요."

키마나우에제의 아들은 개구리에게 음식을 주면서 말했다.

"네 말을 믿어보겠다. 가라."

천국으로 다시 올라간 개구리는 또다시 방에 숨었다. 해가 지자, 개구리는 몰래 방에서 나와서 해의 딸이 자는 방으로 갔다. 개구리는 자고 있는 딸의 얼굴로 올라가서 두 눈을 뽑았다. 그는 눈들을 손수건에 잘 싼 후에, 물의 방으로 돌아와 숨었다.

아침이 되자 모든 사람이 일어났다. 그러나 해의 딸은 일어날 수가 없었다. 부모가 그녀에게 "아직 일어나지 않은 것이냐?"고 묻자 그녀가 대답했다.

"눈이 떠지지 않아요. 앞을 볼 수가 없어요."

그녀의 부모는 놀라서 말했다.

"이게 어떻게 된 일이냐? 어젯밤에도 아무 일 없었는데."

해는 두 명의 전령을 불러서 말했다.

"'은곰보'[2]를 찾아가서 점을 보도록 하여라. 내 아이가 눈이 아프다."

전령들은 점쟁이의 집을 찾아갔다. 점쟁이는 점괘를 늘어놓았다. 전령들은 해의 딸의 병에 대해서는 아무 말도 하지 않았다. 그들은 단지 "우리는 점을 보러 왔소."라고만 말을 했다.

점쟁이가 점괘를 들여다보고 말했다.

"병이 당신들을 찾아 왔소. 아픈 사람은 여인이오. 그녀가 아픈 곳은 눈이오. 당신들은 누가 보내서 온 사람들이군. 당신들이 아파서온 것이 아니야."

---

2) 미래를 예측하는 정령 - 옮긴 이

"맞소. 그럼 왜 병이 생긴 것이오?" 전령들이 말했다.

점쟁이는 점괘를 다시 들여다보고는 말했다.

"아픈 여자는 아직 결혼하지 않았군. 선택만 받았을 뿐이야. 그녀의 주인이 메시지를 보내고 있어. '내 아내를 집으로 보내라. 만일 그녀가 오지 않는다면, 그녀는 죽게 될 것이다.'라고 말이야. 당신들은 돌아가서 그녀를 주인에게 보내라고 하시오. 그러면 병이 낫게 될 것이오."

전령들은 돌아와서 해에게 점쟁이의 말을 그대로 전했다. 그러자 해가 말했다.

"좋다. 내일 그녀를 지상으로 내려보내겠다."

개구리는 방에 숨어서 그들이 하는 말을 다 들었다.

다음 날 아침 개구리는 일찌감치 두레박에 숨어서 지상으로 내려왔다. 해는 거미를 불러서 말했다.

"지상에까지 닿을 커다란 거미집을 지어라. 오늘 내 딸이 그것을 타고 지상으로 내려갈 것이다."

거미는 온종일 걸려서 거미집을 완성했다.

개구리는 우물에서 나와 키마나우에제의 아들을 찾아갔다.

"오, 주인님. 오늘 신부가 올 것입니다."

키마나우에제의 아들은 개구리가 혼자 온 것을 보고 말했다.

"꺼져라, 이 거짓말쟁이야."

"주인님, 정말입니다. 오늘 저녁에 그녀를 데려오도록 하겠습니다." 개구리가 말했다.

개구리는 우물로 돌아가서 물속에 숨었다. 해가 지자 해의 딸이 지상으로 내려왔다. 수행원들은 그녀를 우물가에 남겨놓고 떠났다. 개구리는 우물에서 나와서 해의 딸에게 말했다.

"저는 당신의 안내인입니다. 같이 가시면 당신의 남편에게 모셔다드리겠습니다."

개구리는 그녀에게 두 눈을 돌려주었다. 개구리와 해의 딸은 키마나우제 아들의 집으로 향했다. 집에 들어서면서 개구리는 큰 소리로 외쳤다.

"오, 주인님, 신부가 도착했습니다!"

키마나우에제의 아들이 기뻐하며 말했다.

"어서 오너라, 개구리 마누이야."

키마나우에제의 아들은 해와 달의 딸과 결혼했다. 그들은 하늘로 올라가지 않고 지상에서 살기로 했다. 이 모든 것이 개구리 마누이 덕이다.

슈디카–음밤비 신화

… 앙골라/암분두족 신화

'은갈라 키마나우에제'가 아들을 낳았는데, 그의 이름은 '은주아 키마나우에제'였다. 은갈라 키마나우에제는 아들 은주아 키마나우에제에게 루안다로 가서 사업을 하라고 했다. 아들은 이제 막 부인을 집에 데려왔다고 말했지만, 아버지는 루안다로 가라고 명령했다. 은주아는 할 수없이 루안다로 떠났다. 은주아가 집을 떠나 있는 동안, 머리가 여럿 달린 괴물인 마키시3)들이 그의 아버지 집을 약탈했다. 은주아가 집에 돌아와 보니, 집도 없어지고 아무도 없었다. 은주아가 들판에 나가보니 그의 아내가 혼자 있었다. 집이 없어진 상태여서 그들은 들판에서 살았다. 은주아의 아내는 임신한 상태였는데, 출산일이 되자 그녀의 배에서 소리가 났다.

"어머니, 내 검이 나갑니다.
어머니, 내 칼이 나갑니다.
어머니, 내 킬렘베 나무4)가 나갑니다.
어머니, 내 지팡이가 나갑니다.
어머니, 이제 자리를 잘 잡으세요. 제가 나갑니다."

---

3) '마키시'는 히드라처럼 머리가 여럿 달린 앙골라 신화 속의 괴물이다. 머리가 하나 달린 괴물은 '디키시'라 부른다 – 옮긴 이
4) '킬렘베'는 앙골라 신화에 등장하는 '생명의 나무'이다. 킬렘베는 그 소유자의 생명과 연결되어 있어서, 주인이 건강하면 활짝 피어나고 주인이 죽으면 시든다. – 옮긴 이

그러자 아들이 태어났다. 아들이 말했다.

"제 이름은 '슈디카-은밤비'입니다.
나는 대지에 지팡이를 꽂고,
영양처럼 하늘로 뛰어오릅니다."5)

그녀의 배에서 다시 소리가 났다.

"어머니, 내 검이 나갑니다.
어머니, 내 칼이 나갑니다.
어머니, 내 지팡이가 나갑니다.
어머니, 내 킬렘베 나무가 나갑니다.
어머니, 잘 앉으세요, 제가 나갑니다."

그러자 둘째 아들이 태어났다. 둘째 아들이 말했다.

"제 이름은 삼나무의 '카분둔구루'입니다.
나의 개는 야자열매를 먹습니다.
나의 킴분두는 황소를 삼킵니다."

형인 슈디카-은밤비가 말했다.
"어머니, 제 킬렘베 나무를 집 뒤에 심으세요. 누가 어머니를

---

5) '슈디카-은밤비'의 이름 중 '은밤비'는 영양을 뜻한다. - 옮긴이

이런 곳에 있게 했나요?"

어머니가 말했다.

"애야, 정말로 이상하구나. 내가 방금 너를 낳았는데, 너는 말을 하는구나!"

슈디카-은밤비가 말했다.

"이상하게 생각하지 마세요. 제가 이제 무엇을 하는지 보세요."

그리고는 동생에게 말했다.

"우리가 부모님 집을 지어드리자. 기둥으로 쓸 나무를 자르러 가자."

슈디카-은밤비는 검을 집어 들고 동생을 데리고 숲으로 갔다. 그가 나무 기둥을 하나 자르자, 나머지 기둥들이 저절로 잘렸다. 동생도 마찬가지였다. 형이 한 것처럼 기둥을 하나 자르자, 나머지 기둥들이 스스로 잘렸다. 형제는 기둥들을 한데 묶어서 가지고 왔다. 그들은 기둥들을 밖에 쌓아놓고 다시 숲으로 가서 풀을 잔뜩 베어 왔다.

형제가 집을 짓기 시작했다. 슈디카-은밤비가 기둥을 하나 세우자, 나머지 기둥들이 모두 일어섰다. 그가 줄을 하나 묶자, 나머지 줄들이 저절로 매어졌. 그가 풀줄기 하나를 지붕에 엮자, 모든 풀줄기가 저절로 지붕을 만들었다.

슈디카-은밤비가 말했다.

"어머니, 아버지, 들어오세요. 집을 다 지었습니다."

그가 다시 말했다.

"저는 이제 마키시들과 싸우러 가겠습니다. 내 동생 카분둔구루야, 너는 부모님과 함께 있어라. 만일 내 킬렘베 나무가 시든다면, 내가 죽은 줄 알아라."

그리고 슈디카-은밤비는 길을 나섰다. 길을 가다 그는 수풀 속에서 부스럭거리는 소리를 들었다.

"거기 누구냐?" 슈디카-은밤비가 말했다.

"저는 바위 위에 집을 짓는 '키파렌데'입니다."

"이리 와라, 나와 같이 가자." 슈디카-은밤비가 말했다.

그들은 계속가다 또 수풀에서 바스락거리는 소리를 들었다.

"거기 누구냐?" 슈디카-은밤비가 말했다.

"저는 하루에 열 개의 곤봉을 깎는 키파렌데입니다."

"이리 와라, 나와 같이 가자." 슈디카-은밤비가 말했다.

가다가 또 바스락거리는 소리가 들렸다.

"누구냐?"

"저는 칼룽가의 집에서 옥수수 잎을 모으는 키파렌데입니다"

"이리와라, 너도 같이 가자." 슈디카-은밤비가 말했다.

또 다른 키파렌데를 만났다.

"너는 누구냐?"

"저는 칼룽가에게 수염을 굽히는 키파렌데입니다."

"너도 같이 가자."

이렇게 해서 슈디카-은밤비와 네명의 키파렌데는 길을 계속 갔다. 그들은 가다가 강을 만났다. 슈디카-은밤비는 강 건너편에서 오는 누군가를 발견했다.

"너는 누구냐?" 슈디카-은밤비가 소리쳤다.

"나는 '키잔달라-미다'다. 나는 지금 백 명의 인간을 잡아먹고 입을 헹구는 중이다."

"나는 슈디카-은밤비다. 나는 대지에 지팡이를 꽂고, 영양처럼 하늘로 뛰어오른다."

키잔달라-미다는 그 말을 듣고 도망쳐버렸다.

슈디카-은밤비와 키파렌데들은 수풀 한가운데 도착했다. 슈디카-은밤비가 말했다.

"마키시들과 싸우기 위해 이곳에 집을 짓도록 하자."

그들은 모두 집을 지을 기둥을 자르러 갔다. 슈디카-은밤비가 기둥을 하나 자르자, 모든 기둥이 스스로 잘라졌다. 그가 기둥을 하나 묶자 모든 기둥이 묶였다.

슈디카-은밤비는 기둥을 하나 들어서, 바위 위에 집을 짓는다는 키파렌데에게 주면서 바위 위에 세우라고 말했다. 키파렌데는 기둥을 바위 위에 세우려 했지만, 기둥이 바위 위에 세워질 리 만무했다. 결국 슈디카-은밤비가 집을 완성했다.

다음 날 아침 슈디카-은밤비는 세 명의 키파렌데를 데리고 마키시들과 싸우러 갔다. 곤봉을 깎는 키파렌데 한 명은 집을 지키기로 했다. 그들은 마키시들이 있는 곳으로 가서 일제히 총을 쏘았다.

그동안 집에서는 키파렌데 혼자 남아있는데, 한 노파가 소녀를 데리고 왔다. 노파는 다짜고짜 키파렌데에게 말했다.

"나와 싸우자. 만일 네가 이기면 내 손녀와 결혼해야 한다."

그래서 키파렌데는 노파와 싸웠다. 그러나 키파렌데는 노파를 이길 수 없었다. 노파는 큰 바위를 들어서 키파렌데 위에 올려놓고는 손녀를 데리고 가버렸다.

슈디카-은밤비는 키파렌데가 바위에 깔려있다는 것을 알았다. 그는 나머지 세 명의 키파렌데에게 말했다.

"너희들의 동료가 지금 바위에 깔려있다. 싸움을 멈추고 돌아가자."

키파렌데들이 말했다.

"슈디카-은밤비, 거짓말하지 마십시오. 우리가 이렇게 멀리 떨어져 있는데, 어떻게 그가 바위 밑에 있다는 것을 안단 말입니까?"

슈디카-은밤비가 말했다.

"그것은 사실이다. 나는 알 수 있다."

그래서 그들은 싸움을 멈추고 집으로 돌아왔다. 과연 집을 지키던 키파렌데가 바위 밑에 깔려 있었다. 바위를 치우고 그들은 어떻게 된 일인지 물었다. 키파렌데는 노파가 손녀를 데리고 와서 싸우게 된 일과 자신이 싸움에 져서 바위에 깔리게 된 일을 말해줬다.

다른 키파렌데들이 그를 비웃으며 말했다.

"하하하, 여자한테 졌단 말이냐?"

다음 날 아침, 슈디카-은밤비는 다시 싸우러 갔다. 이번에는 다른 키파렌데를 집에 남겨 놓았다. 전쟁터에 도착해서 다시 총을 쏘기 시작했다. 집을 지키는 키파렌데에게 다시 노파가 손녀를 데리고 찾아왔다. 이번에도 그들은 싸웠고, 노파는 키파렌데를 바위로 눌러놓고 갔다.

슈디카-은밤비는 이미 키파렌데가 바위에 깔렸다는 사실을 알았다.

"너희 동료가 바위 밑에 있다. 돌아가자!"

집으로 와서 바위를 치워주자 키파렌데가 말했다.

"어제 왔던 노파가 다시 찾아와서 저 친구에게 했던 것처럼 똑같이 했어요."

다음날도, 그다음 날도, 키파렌데들은 노파의 상대가 되지 않았다. 닷새째 되는 날 슈디카-은밤비가 말했다.

"이제 마키시 마을이 하나밖에 남지 않았다. 너희 넷이 모두 가서 공격하도록 해라. 오늘은 내가 집을 지키겠다."

슈디카-은밤비가 집에 있자, 노파가 다시 손녀를 데리고 왔다.

"나와 싸우자. 만일 네가 이기면 손녀를 너의 아내로 주겠다."

슈디카-은밤비가 노파와 싸워서 그녀를 죽이고 나자, 그는 손녀와 둘이 남게 되었다.

젊은 여자가 말했다.

"오늘 저는 삶을 찾았어요. 할머니는 저를 집에 가둬놓고 제가 밖에 나가지 못하도록 바위로 문을 막아놨어요. 슈디카-은밤비, 저는 오늘 당신과 결혼하겠어요."

슈디카-은밤비는 동의했다. 그러는 동안 키파렌데들이 돌아와서 말했다.

"마키시들을 모두 다 죽였습니다."

슈디카-은밤비는 그들에게 수고했다고 말하고, 당분간 그 집에 머무르기로 했다.

그런데 여자를 본 네 명의 키파렌데들은 은밀히 슈디카-은밤비를 죽일 음모를 꾸몄다.

"저 아이가 우리보다 힘이 센데, 어떻게 죽이지?" 키파렌데들이 말했다.

키파렌데들은 슈디카-은밤비를 죽이기 위해서 함정을 파기로 했다. 키파렌데들은 땅에 깊은 구덩이를 팠다. 그들은 구덩이를 매트로 덮어놓은 후, 슈디카-은밤비를 불렀다.

"저희가 주인님을 위해 자리를 마련했습니다. 이리 와서 앉으세요."

슈디카-은밤비는 아무런 의심 없이 매트 위에 앉았다가, 구덩이에 빠지고 말았다. 그러자 키파랜드들이 달려들어 구덩이를 흙으로 메꿔버렸다.

그때, 집에서 부모님을 모시고 있던 카분둔구루는 뒷마당에 나갔다가 형의 생명의 나무가 시들어가는 것을 보았다.

"형이 죽어가고 있구나!"

카분둔구루는 서둘러서 나무에 물을 주었다. 나무가 다시 살아나기 시작했다.

한편, 구덩이에 떨어진 슈디카-은밤비는 구덩이 안에 길이 있는 것을 발견했다. 그는 그 길을 따라갔다. 한참을 걸어가다 슈디카-은밤비는 한 노파가 자루가 없는 괭이로 밭을 갈고 있는 것을 보았다.

"할머니, 저에게 길을 알려주세요." 슈디카-은밤비가 말했다.

"애야, 나 대신 밭을 좀 갈아주겠니? 그러면 길을 알려주마."

노파가 말했다.

슈디카-은밤비는 괭이를 받아서 노파를 대신해서 밭을 갈아 주었다. 그러자 노파가 말했다.

"고맙구나. 너에게 길을 알려주마. 이쪽의 좁은 길로 가거라. 넓은 길로는 가지 말아라. 그리로 가면 너는 길을 잃게 될 거다. 네가 지하의 신인 '칼룽가-은곰베'의 집에 가려면, 이 붉은 후추 병과 지혜의 병이 있어야 한다."

노파는 슈디카-은밤비에게 붉은 후추 병과 지혜의 병을 주었다. 슈디카-은밤비는 노파에게 감사의 인사를 하고 계속 길을 갔다. 그는 칼룽가-은곰베의 집 앞에 도착했다. 칼룽가-은곰베의 개가 그를 보고 짖어댔다. 그러나 슈디카-은밤비가 개에게 소리치자, 개는 집 안으로 들어가 버렸다. 칼룽가-은곰베는 슈디카-은밤비를 정중하게 맞이하여 주었다.

"저는 칼룽가-은곰베의 딸과 결혼하기 위해 왔습니다." 슈디카-은밤비가 말했다.

칼룽가-은곰베가 말했다.

"좋다. 너는 내 딸과 결혼하게 될 것이다. 그러나 그러기 위해서는 붉은 후추 병과 지혜의 병이 있어야 한다."

"여기 있습니다." 슈디카-은밤비가 붉은 후추 병과 지혜의 병을 내밀었다.

칼룽가-은곰베는 속으로 놀랐지만, 짐짓 태연한 척하고 말했다.

"좋다. 오늘은 늦었으니 이곳에서 자고, 내일 얘기하기로 하자."

슈디카-은밤비는 그날 밤 칼룽가-은곰베가 제공한 집에서 묵기로 했다. 저녁 식사가 나왔다. 슈디카-은밤비가 뚜껑을 열어보니 닭요리와 옥수수죽이었다. 슈디카-은밤비는 닭을 먹지 않고 꺼내서 침대 밑에 놓았다. 대신에 자신이 가지고 온 고기와 옥수수죽을 먹었다. 밤이 되자 마을 사람들이 떠드는 소리가 들렸다.
"누가 칼룽가-은곰베님의 닭을 죽인 거지? 누가 닭을 죽인 거야? 그자를 잡아야 해!"
그 말을 들은 닭이 침대 밑에서 '꼬끼오!'하고 울었다.
날이 밝자 슈디카-은밤비는 칼룽가-은곰베를 찾아가서 말했다.
"칼룽가-은곰베시여, 이제 저에게 당신의 딸을 주십시오."
그러나 칼룽가-은곰베는 말했다.
"내 딸은 지금 괴물 '키니오카'에게 잡혀있다. 가서 그녀를 구해와라."
그래서 슈디카-은밤비는 칼룽가-은곰베의 딸을 구하러 갔다. 키니오카의 집에 도착하니 키니오카는 집에 없었다. 그의 아내는 그가 사냥을 나갔다고 말했다. 슈디카-은밤비는 키니오카가 돌아올 때까지 기다리기로 했다. 갑자기 군대개미떼가 나타나 슈디카-은밤비에게 달려들었다. 슈디카-은밤비는 개미들을 모두 죽였다. 그러자 붉은개미떼가 달려들었다. 슈디카-은밤비는 붉은개미들도 다 물리쳤다. 그러자 벌떼가 몰려왔다. 벌떼도 모두 처치하자, 말벌 떼가 달려들었다. 말벌도 모두 죽였다. 그러자 갑자기 키니오카의 머리가 나타났다. 슈디카-은밤비는 키니오카의 머리를 베었다. 그러자 또 다른 머리가 나타났다. 슈디카-은밤비는 그 머리도 잘라버렸다. 또 다른 머리가 나타나자 슈디카-은밤비는 키니오카의 야자나무를 베고, 머리를 베었다. 그러나 머리는 또 나타났다. 슈디카-은밤비는 키니오카의 개의 머리를 베고, 머리를 베었다. 여전히 머리가 나타났다. 이번에는 바나나 나무를 베고, 머리를 베었다. 그러자 마침내 키니오카가 죽었다.

슈디카-은밤비는 칼룽가-은곰베의 딸을 데리고 돌아왔다. 그러나 칼룽가-은곰베는 또 다른 조건을 걸었다.

"거대한 물고기 '킴비지'가 내 염소와 돼지들을 잡아갔다. 킴비지를 죽이면 딸을 주겠다."

슈디카-은밤비는 새끼돼지를 한 마리 준비해 달라고 했다. 그는 새끼돼지를 갈고리에 묶고, 강에 던졌다. 킴비지가 나타나서 새끼돼지를 삼켰다. 그때를 놓치지 않고 슈디카-은밤비는 줄을 잡아당겼다. 팽팽한 줄다리기 끝에 킴비지가 거의 뭍으로 끌려오려는 순간, 슈디카-은밤비는 발을 헛디뎌서 물에 빠지고 말았다. 킴비지는 슈디카-은밤비를 삼켜버렸다.

그 순간, 집에 있던 카분둔구루는 형의 킬렘베 나무가 말라 죽은 것을 보았다.

"형이 죽었구나! 내가 형을 찾아 가 보아야겠다."

카분둔구루는 형이 갔던 길을 따라갔다. 그는 슈디카-은밤비가 마키시들과 싸우기 위해 만들었던 집에 도착했다. 그곳에서 키파렌데들을 만난 카분둔구루는 그들에게 물었다.

"내 형은 어디 있느냐?"

"우리는 모릅니다." 키파렌데들이 말했다.

"네놈들이 내 형을 죽여서 이 구덩이에 묻었구나! 당장 구덩이를 다시 파라." 카분둔구루가 호통을 쳤다.

겁에 질린 키파렌데들은 슈디카-은밤비를 묻었던 구덩이를 다시 팠다. 카분둔구루는 구덩이로 뛰어들었다. 그는 형이 지나갔던 길을 따라가다 노파를 만났다.

"할머니, 우리 형이 갔던 길을 알려주세요."

노파는 카분둔구루에게 길을 알려주었다. 칼룽가-은곰베의 집에 도착한 카분둔구루는 그에게 물었다.

"내 형은 어디 있소?"

"네 형은 킴비지에게 잡아먹혔다." 칼룽가-은곰베가 말했다.

"나에게 돼지 한 마리를 주시오." 카분둔구루가 말했다.

카분둔구루가 돼지를 갈고리에 묶어서 강에 던지자 킴비지가 와서 돼지를 삼켰다. 카분둔구루는 사람들을 불러서 함께 킴비지를 끌어당겼고, 한참의 실랑이 끝에 마침내 킴비지는 땅 위로 올라왔다. 카분둔구루는 칼을 꺼내서 킴비지의 배를 갈랐다. 카분둔구루는 그 안에서 형의 뼛조각들을 찾아냈다. 카분둔구루 뼛조각들을 모두 모아 원래의 형태대로 만든 후 말했다.

"일어나요, 형!"

그러자 슈디카-은밤비가 다시 살아났다. 슈디카-은밤비와 카분둔구루는 칼룽가-은곰베를 찾아갔고, 칼룽가-은곰베는 어쩔 수 없이 딸을 슈디카-은밤비에게 줄 수밖에 없었다. 형제는 여자를 데리고 왔던 길을 따라서 되돌아 왔다. 그들은 슈디카-은밤비가 묻혔던 구덩이를 통해서 지상으로 나왔다. 그들은 네 명의 키파랜드를 찾아서 죽이고 슈디카-은밤비의 첫째 부인을 되찾았다. 그들은 잠시 그 집에서 같이 살기로 했다.

그런데 카분둔구루가 형에게 말했다."

"형은 아내가 둘이니, 한 여자를 나에게 주시오."

"안 된다. 동생이 형수와 결혼할 수는 없다." 슈디카-은밤비가 말했다.

어느 날, 슈디카-은밤비가 사냥을 하러 갔다 오니 아내들이 말했다.

"당신이 없는 동안 당신의 동생이 우리를 겁탈하려고 했어요."

그 말을 들은 슈디카-은밤비는 격분해서 카분둔구루와 싸우게 되었다. 형제는 서로 죽일 듯이 격렬하게 싸웠지만, 서로 상대편을 죽일 수는 없었다. 서로에게 칼을 겨누었지만, 어느 쪽도 벨 수가 없었다. 결국, 싸우다 지친 둘은 서로 헤어지기로 했다. 형 슈디카-은밤비는 동쪽으로 갔고, 동생 카분둔구루는 서쪽으로 갔다.

결국, 형제는 여자 때문에 서로 싸우게 된 것이다. 그 후로 다음과 같은 이야기가 전해진다. 폭풍우가 올 때 들리는 천둥소리는 동쪽으로 간 슈디카-은밤비이고, 그 소리에 대답하는 또 다른 천둥소리는 서쪽으로 간 카분둔구루이다.

죽음의 세계, 칼룽가
··· 앙골라/암분두족 신화

　죽음의 세계인 칼룽가가 알려지게 된 것은 다음과 같은 사건 때문이었다. 사랑하는 아내 '무훈구'의 죽음에 상심한 '키탐바' 왕은 그의 부족민들에게 아내를 살려낼 때까지는 말하지도, 먹지도 말 것을 명령했다. 왕은 치료 주술사에게 죽음의 세계 칼룽가에서 왕비를 데려오라고 명령했다. 주술사는 마을의 모든 부족민에게 약초로 목욕재계를 하라고 명하고, 자신은 아들과 함께 죽음의 세계로 내려갔다.
　주술사는 곧 왕비를 만날 수 있었다. 왕비는 주술사에게 지하세계의 지배자인 '칼룽가-은곰베'에 대해 알려주었고, 그가 종국에 가서는 모든 사람을 먹어치운다고 설명했다. 또한, 왕비는 사슬에 묶여 있는 희미한 형체를 가리켰는데, 그것은 죽을 운명인 키탐바 왕의 영혼이었다.
　왕비는 만남의 증거로 장례식 팔찌를 주술사에게 주고, 주술사를 되돌려 보냈다. 그러면서 왕비는 다음과 같이 말했다.
　"칼룽가에 들어온 사람은 누구도 떠날 수 없고, 어떤 음식도 먹어서는 안 됩니다. 그리고 키탐바의 죽음이 임박했다는 사실도 말해서는 안 됩니다. 그렇지 않으면 당신과 당신 아들은 이 지하세계에 머물러 있어야 합니다."
　주술사는 되돌아와서 키탐바 왕에게 왕비의 팔찌를 보여주었다. 왕은 그것이 왕비 무훈구의 것이라는 것을 확인했다. 그는 결국 사랑하는 아내를 되찾아오는 것을 포기했다.

바다의 여신 키안다

··· 앙골라 신화

'키안다'는 루안다의 비스포 해변 근처에 살고 있었다. 어느 날, 한 비참한 행색의 어부가 찾아왔다. 그는 외롭고 슬퍼 보였다. 그를 본 키안다는 불쌍한 마음이 들어서 그에게 자신만이 알고 있는 장소에 감춰져 있는 보물을 주었다. 보물을 받은 어부는 부자가 되었고, 그 결과 이기적이고 탐욕스럽게 되었다. 그는 자신의 부를 자신의 이익을 위해서만 사용했고, 다른 사람을 위해 사용할 줄 몰랐다. 그것을 본 키안다는 자신이 선택했던 남자의 행동에 매우 실망했고, 결국 그의 보물을 다 사라지게 만들어서 하루아침에 어부를 거지로 만들어 버렸다. 결국, 어부는 미치게 되었고, 깊은 바닷속에 영원히 갇히게 되었다.

키안다는 앙골라 신화에 등장하는 바다의 여신이다. 앙골라 사람들은 전통적으로 바다에 음식과 옷가지 등을 던져서 키안다를 숭배한다. 키안다는 바다에만 있는 것이 아니라 강과 개울, 산과 숲의 늪지 등 물이 있는 모든 곳에 존재한다. 물이 있는 곳에는 어디든 강이나 호수의 이름을 딴 키안다가 있다. 이 초자연적 힘을 가진 여신은 사람들에게 선한 일을 하기도 나쁜 일을 하기도 한다. 앙골라 사람들은 일반적으로 키안다에 대해서 이야기하는 것을 꺼리기도 하지만, 키안다를 광범위하게 숭배하고, 많은 지역에서 매년 키안다의 이름을 내건 축제나 의식이 치러진다. 앙골라의 수도 루안다에서는 '키안다'라는 이름의 상호를 찾아볼 수 있기도 하다.

개구리와 코끼리

… 앙골라 전설

개구리와 코끼리는 아가씨들에게 인기가 많았다. 그들은 언제나 여자들에게 세심했다. 그들은 여자에게 갈 때 결코 빈손으로 가는 법이 없었다. 그들은 항상 꽃이나 과일 같은 선물을 가지고 갔다. 그 외에도, 그들을 아는 사람들은 모두가 인정하는 점이 있었다. 겉으로 달라 보일지라도, 개구리와 코끼리는 매우 닮았다는 것이다.

우선 그들은 둘 다 잘생겼다. 물론 각자의 방식대로지만 말이다. 그리고 둘 다 물을 좋아하고, 숲속에서, 특히 아가씨들 집으로 가는 길에서, 오래 산책하는 것을 좋아했다. 결정적인 것은 덩치의 차이에도 불구하고, 그들은 같은 나이라는 점이다. 한창때라는 젊은 나이 말이다. 그들이 서로 닮은 점을 계속 늘어놓아야 무슨 소용이 있겠는가? 그들이 서로 닮았다는 것은 명백한 사실이다. 바로 여기에서 이 이야기가 시작된다.

어느 날, 개구리가 혼자서 아가씨들을 만나러 갔다. 개구리는 집 앞에 있는 판야나무 그늘에서 아주 신선한 코코 우유의 달콤함을 맛보면서, 아가씨들과 대화를 나눴다. 개구리를 둘러싼 아가씨들은 그의 재치 있는 입담에 웃음을 터트렸다. 개구리의 이야기는 그 어느 때보다도 재미있고 매력적이었다. 개구리는 스스로 숲의 왕이라도 된 것처럼 느껴졌다. 그런데 그 자리에는 코끼리의 약혼녀도 있었다. 아뿔싸! 코끼리의 약혼녀가 자기 애인에 대해서 이야기하기 시작했다.

"우리 그이는 정말로 잘생겼고, 매력적이고, 섬세하고, 우아해!"

개구리는 얼굴이 시뻘게졌다. 그의 몸이 최대한으로 부풀었다. 그러나 개구리는 아무렇지도 않은 듯이 말했다.

"아, 코끼리? 그래, 아주 용감한 친구지. 그런데 아가씨들은 그가 내 탈것 역할을 하고 있다는 것을 알고 있나요? 아주 훌륭한 탈것이죠."

여자들은 자신의 귀를 믿을 수 없었다.

"뭐라고요? 코끼리를 당신의 탈것으로 쓴다고요? 진심으로 하는 말이에요? 진짜요?"

여자들은 너무 흥분해서 개구리 주변에 둥그렇게 앉았다. 개구리는 자신이 대단하고 강하게 느껴졌다. 코끼리보다 더 큰 진짜 거인이 된 것 같았다. 저녁에 개구리는 집으로 돌아오면서 영양처럼 팔짝팔짝 뛰었다. 그만큼 그는 자부심에 가득 차 있었다. 숲 전체가 다 그의 것이었다.

바로 그날 저녁, 이번에는 코끼리가 혼자서 아가씨들을 찾아왔다. 그가 관목 숲에서 나오자마자, 여자들은 그의 약혼녀에게 달려갔다.

"봐! 그가 왔어. 코끼리님이야! 개구리의 탈 것 말이야!"

약혼녀는 코끼리를 만나러 달려갔다. 코끼리는 그녀에게 야생 앵두와 꽃다발을 주었다. 그리고는 짤막하게 키스를 하고는, 그의 긴 코로 약혼녀를 포옹했다. 그러나 그녀는 전혀 고마워하지 않았다. 그녀는 아직도 개구리가 한 말이 마음속에 남아있었다. 결국, 그녀는 속에 있는 말을 하고야 말았다.

"당신 친구 개구리가 한 말에 의하면, 당신이 개구리의 탈 것 비슷한 것을 해 준다면서요?"

그 말을 들은 코끼리는 얼굴이 빨개지도록 웃었다.

"그 반대라고 하는 것이 낫지 않겠소?"

여자들도 그 말에 웃어댔다. 그러나 그들은 개구리가 했던 말을 한 마디 한 마디 모두 되풀이했다. 그녀들은 개구리의 말을 정말로 믿었던 것이다.

"이봐 잠깐만! 거기 아가씨들!"

코끼리가 항의했다.

"당신들 설마… 내가 개구리의 탈 것이라고? 당연히 개구리가 농담한 거요."

"전혀 아니에요!" 그의 약혼녀가 말했다.

"아니에요! 개구리 씨는 가장 진지하게 말하는 것이라고 우리에게 맹세했단 말이에요."

그러자 코끼리는 온몸이 빨개졌다. 그는 화가 머리끝까지 나서 꼬리를 철썩거리며 떠나버렸다. 여자들의 웃음소리가 관목 숲에까지 그를 뒤따라 왔다. 그는 왜소해진 것 같았다. 너무도 왜소해져서 개구리보다 더 작아진 것 같았다.

다음 날 아침, 그는 개구리를 찾아 나섰다. 그는 숲속을 다 뒤지고 다니다가, 결국 개울에서 물장난을 치고 있는 개구리를 발견했다. 개구리는 매우 즐거워하면서 코끼리를 불렀다.

"여, 친구! 이리 와. 여기는 아주 좋아. 우리 경주해 볼까?"

그러나 코끼리는 속지 않았다. 그는 코를 길게 늘여서 개구리를 물 밖으로 꺼내서 냅다 던져버렸다. 철버덕! 하고 개구리는 풀 위로 떨어졌다. 코끼리는 개구리에게 큰 얼굴을 들이대며 여전히 화가 안 풀려서 부들부들 떨면서 말했다.

"말해 봐, 이 좁쌀만 한 놈아! 네가 여자들에게 내가 너의 탈것 노릇을 한다고 말한 게 사실이야?"

개구리는 벌떡 일어났다.

"뭐, 뭐라고? 너 지금 무슨 소리를 하는 거야? 이것 봐, 진정해 친구, 진정해!"

개구리는 주먹을 쥐고 흔들면서 코끼리에게 다가가며 말했다.

"이봐, 다시 한번 말해 봐! 친구를 이렇게 비난해도 되는 거야? 뭐 하는 거야!"

코끼리는 움찔해서 한 걸음 물러났다. 그는 친구의 반응에 기가 죽었다. 그는 사태를 수습하고 싶었다.

"좋아, 좋아. 됐어! 꼬맹아. 하지만 내 약혼녀가 내가 네 탈것 노릇을 하고 있다고 네가 맹세했다고 했단 말이야."

"그게 무슨 말도 안 되는 소리야! 미쳤군! 이리와 봐, 친구야. 우리 같이 여자들에게 가서 사실을 설명하도록 하자."

그래서 둘은 여자들을 찾아가서 오해를 풀기로 했다. 처음에는 개구리가 앞서서 길을 갔다. 그렇지만 그는 곧 뒤처지기 시작했다. 코끼리는 빨리 이 오해를 풀고 싶어서 마음이 급했다. 그렇지만 여자들에게 혼자서 갈 수는 없는 노릇이었다. 그래서 걸음을 멈추고, 개구리가 오기를 기다렸다.

"이봐, 난쟁이, 좀 서두를 수 없어?"

개구리는 숨이 턱밑에까지 차고 다리를 끌면서, 코끼리에게 왔다.

"아야야, 이놈의 길이란! 발에 가시가 박혔나 봐. 더 이상 걸을 수가 없어. 더 이상 너를 따라가는 것은 무리야, 친구. 나는 집에 가서 치료를 해야겠어."

"뭐라고? 너는 이제 와서 가지 않겠다고 하는 거야? 이것 봐, 우리 문제가 해결되기만 하면 여자들이 바로 네 발을 치료해 줄 거야. 이리 와. 내 등에 올라타. 그러면 우리가 같이 도착할 수 있어. 오래 걸리지도 않을 거야."

"아, 고마워 친구. 너는 정말 착해. 하지만 나는 너에게 부담을 주고 싶지는 않아. 내가 올라타면 너는 그만큼 더 힘들어질 거 아냐."

"바보 같은 소리 하지 마! 너 정도는 올라탄 줄도 모를 정도야."

그러자 개구리는 팔짝 뛰어서, 코끼리의 등에 올라탔다. 코끼리의 등은 아주 넓어서, 여행하는 데 아주 편안했다. 걸어가는 동안 전혀 흔들리지도 않았다. 하지만 개구리는 이리저리 흔들리는 척했다. 그는 떨어지지 않기 위해 버티는 것처럼 사방으로 발을 뻗었다. 얼마 가지 않아 그는 친구의 귀에 대고 외쳤다.

"이봐 친구! 이렇게 가다간 발만 아픈 게 아니라 온몸을 다 다치겠어. 내가 떨어지지 않게 단단히 매달려 있으려면, 고삐가 있어야겠어!"

코끼리는 멈춰 섰다. 그는 무릎을 꿇어서 개구리가 땅에 내려오도록 했다. 코끼리는 마음이 급했다. 그래서 그는 개구리가 무화과나무에 얽혀있는 긴 칡 줄기를 풀어내는 것을 도왔다. 개구리는 칡 줄기를 엮어서 근사한 밧줄을 만들었다. 그리고 그 밧줄을 코끼리 입에 걸쳐서 마치 재갈처럼 물게 했다. 그리고 나서 여전히 절뚝거리면서 코끼리 등에 다시 올라탔다.

개구리는 고삐를 손에 쥐자 똑바로 앉으면서 말했다.

"이제 훨씬 낫네. 훨씬 나아. 이렇게 해도 너에게는 아무런 차이가 없을 거야 친구!"

그들은 가벼운 발걸음으로 다시 출발했다. 그러나 얼마 가지 않아 갑자기 개구리는 정신 나간 듯 팔을 내젓기 시작했다.

"이런 젠장! 이봐 친구, 지금 우리가 모기떼 속을 지나가고 있는 거야? 이렇게 많은 모기들을 본 적이 없어. 내가 막대기를 하나 가져올게. 그렇지 않으면 이것들이 우리를 산채로 뜯어먹어 버릴 거야!"

순진한 코끼리는 다시 한번 무릎을 꿇고 개구리를 땅에 내려 주었다. 개구리는 수풀 속으로 들어가 막대기를 하나 꺾어왔다. 그리고 다시 코끼리의 등으로 올라가서 막대기를 허공에 휘둘러 '휘익' 소리를 냈다.

길을 가는 동안 개구리는 고삐를 느슨하게 잡았고, 채찍은 사용하지 않았다. 그들은 곧 마을 입구에 도착했다. (여자들의 집은 판야나무 뒤편에 모여 있었다.)

코끼리가 말했다.

"자 이제 빨리 내려, 꼬맹아. 다 왔어."

그러나 개구리는 못 들은 척했다. 개구리는 내려오기는커녕 갑자기 고삐를 세게 잡아당겼다. 입에서 엄청난 통증을 느낀 코끼리는 발길질을 하면서 코를 앞으로 내밀었다. 그러나 개구리는 고삐를 단단히 잡았다. 오히려 그는 고삐를 더 세게 잡아당겼다. 코끼리는 껑충거리며 뛰기 시작했다.

이 소란스러운 소리를 듣고, 여자들이 문가로 달려 나왔다. 그리고 개구리가 씩씩하게 코끼리의 등에 올라타서 한 손에는 고삐를, 다른 손에는 채찍을 들고 지나가는 것을 보았다. 집들을 지나자마자 개구리는 고삐를 강하게 잡아당겼고, 코끼리는 뒤로 돌아섰다. 그리고는 다시 쿵쿵거리며 달리기 시작했다. 그들은 다시 집 앞을 지나게 되었고, 여자들은 손뼉을 쳤다. 여자들은 그렇게 당당한 기사님과 그렇게 씩씩한 탈것을 본 적이 없었다.

코끼리는 머리를 숙이고, 그들이 왔던 길을 저돌적으로 달려갔다. 여자들은 그들을 더 이상 볼 수 없게 되었다. 그들이 낮은 가지가 있는 나무 밑을 지나갈 때, 개구리는 칡덩굴을 붙잡기 위해서 고삐를 늦추었다. 개구리는 나뭇잎 위로 뛰어오르면서 친구에게 말했다.

"자, 잘 가라. 내 순진한 탈것아! 안녕, 그리고 고마워. 아주 멋진 산책이었어!"

화가 난 코끼리는 개구리를 잡기 위해 나무에 달려들었다. 그는 커다란 코로 나무들을 후려치고, 흔들어대고, 밀어붙이고, 쓰러트렸다. 나무들에서 바나나, 무화과, 망고, 코코넛 열매들이 비처럼 떨어졌다. 그렇지만 개구리를 내려오게 하지는 못했다.

코끼리는 결국 포기할 수밖에 없었다. 돌아오는 길에 새들이 즐겁게 노래하고 있었지만, 코끼리는 마음이 무거웠다. 여자들이 "정말이었어! 진짜야. 개구리는 멋진 기사님이었고, 코끼리는 그의 탈것이었어."라고 재잘대는 소리가 귀에 들리는 듯했다.

개구리와 두 부인

··· 앙골라 민담

개구리 '쿰보토'에게는 두 명의 아내가 있었다. 처음에는 모든 일이 잘되어갔다. 쿰보토는 첫 번째 아내에게 "개골, 개골"하고 노래를 불러주었다. 두 번째 아내에게도 노래를 불러주었다. 부인이 둘이라는 것은 정말 행복한 일이었다.

쿰보토는 두 부인의 갈등문제를 잘 조정했다. 그는 신경 써서 두 부인에게 각자의 집을 선택하게 했다. 그의 영지는 매우 넓었기 때문에, 첫째 부인은 해 뜨는 쪽의 작은 무화과나무로 정했다. 얏! 순식간에 쿰보토는 그곳에 첫째 부인의 집을 지어주었다. 둘째 부인은 해가 지는 쪽의 작은 종려나무를 선택했다. 욧! 순식간에 쿰보토는 그곳에 둘째 부인의 집을 지어주었다.

쿰보토가 제일 좋아하는 장소는 두 부인 사이, 딱 중간 지점이었다. 그곳에는 맛있는 과일이 많은 덤불숲이 있었고, 쿰보토는 가끔 그 과일 한두 개를 조금씩 갉아먹는 것을 정말 좋아했다. 위쪽으로는 커다란 콜라나무가 그늘과 열매를 마련해주었다. 범람지역이기는 했지만, 갈대로 잘 가려져 있는 곳이라서 저녁마다 목욕하기에 완벽한 곳이었다. 그래서 붕! 순식간에 쿰보토는 그곳에 자기 집을 지었다.

여기까지는 문제가 없었다. 매일 첫째 부인은 쿰보토의 아침 식사를 정성스레 준비했고, 둘째 부인은 저녁 식사를 마련했다. 해가 뜰 무렵, 해 뜨는 쪽에 사는 첫째 부인은 남편 쿰보토의 식사를 위해 맛있는 죽을 준비했다. 오후 시간이 다 지나갈 때쯤에는, 해 지는 쪽에 사는 둘째 부인이 남편 쿰보토를 위해서 맛있는 수프를 내놓았다. 두 부인 간의 이러한 조정은 정말이지 이상적이었다. 툼보토는 이 해결책에 만족스러웠고, 자랑스러웠으며, 이런 생각을 해낸 자신의 천재성에 대해 아주 우쭐해 했다.

건기에는 몇 달 동안 매일같이 구름 한 점 없는 하늘에 태양이 빛났다. 매일 쿰보토는 두 부인의 식사를 차례로 즐겼다. 아침에는 해 뜨는 쪽에 사는 첫째 부인 집에서, 저녁에는 해지는 쪽에 사는 둘째 부인 집에서. 더할 나위 없이, 모든 것이 잘되어가고 있었다.

그러다가 우기가 되자 비가 내리기 시작했다. 쿰보토는 비를 무척이나 좋아했다. 우기, 그것은 바로 쿰보토의 계절이었다. 첫 폭우가 쏟아질 때, 그는 기쁨에 겨워 풀쩍 풀쩍 뛰어다녔다. 그는 십여 일 동안 가만히 있지 않았다. 삶은 더할 나위 없이 즐거웠다. 두 명의 아내가 있고, 게다가 좋아하는 비까지 오다니!

그러나 비가 십여 일이 넘도록 계속해서 오자, 쿰보토의 아내들은 더 이상 시간을 분간하지 못하기 시작했다. 아침부터 저녁까지, 모든 것이 비에 잠겨있었다. 해가 나지 않으니 시간을 전혀 알 수 없었다. 십삼 일째 날, 하늘은 잿빛이고, 아내들은 정말로 분별력을 잃었다. 아내들이 각자 수프를 준비하기 시작했던 시간은 대낮쯤이었는데, 아내들은 같은 시간에 식사준비를 했던 것이다.

해가 뜨는 쪽 부인과 해가 지는 쪽 아내는 젖은 땔감을 후후 불면서 불을 피워, 수프 냄비를 저었다. 쿰보토는, 갈대 돗자리 위에서 이리저리 뒹굴면서, 오른쪽에 가서 냄새를 맡고 왼쪽으로 가서 냄새를 맡았다. 음, 해 뜨는 쪽에서 나는 맛있는 냄새! 달콤하고, 과일 향이 나며, 은은한 향내! 음, 해 지는 쪽에서 나는 맛있는 냄새! 강한 양념에 톡 쏘는 듯한, 그리고 향신료의 향이 도는 군침이 돌게 하는 그 무엇!

마침내 해 뜨는 쪽 부인과 해 지는 쪽 부인이 만든 푸투[6] 요리가 준비되었다. 푸투는 적당히 잘 익어서 딱 먹기 좋았다. 해 뜨는 쪽 부인과 해 지는 쪽 부인은 남편이 오는지 살펴보려고 문 앞에서 기다렸다. 그러나 개구리는 전혀 보이지 않았다.

어? 식사시간에 늦어?

"가서 아버지 좀 찾아봐라, 얼른 뛰어!" 첫째 부인이 아들 개구리에게 말했다.

"가서 아버지 좀 찾아봐라, 얼른 뛰어!" 둘째 부인이 아들 개구리에게 말했다.

두 아들은 각자의 방향에서, 벌판 한가운데를 향해 펄쩍펄쩍 뛰어갔다. 뛰어오르고, 미끄러지고, 달리고, 펄쩍 뛰면서 해 뜨는 쪽 아이와 해 지는 쪽 아이는 아버지의 집에 동시에 도착했다. 으랏싸! 두 아이는 아버지의 돗자리에 뛰어올랐다. 아이들은 각자 아버지의 다리 한 짝씩을 붙들고 힘껏 소리쳤다.

"식사하세요, 아버지, 식사하세요! 가요, 저랑 같이 가요. 가서 식사하세요!"

가엾은 쿰보토는 정신을 잃을 것 같았다. 어떡하지? 누구를 따라가야 하나? 한 아이는 쿰보토를 자기 쪽으로 잡아당기고, 다른

---

[6] 참마, 질경이 등으로 만든 아프리카의 전통 음식 - 옮긴 이

아이는 반대쪽으로 끌어당겼다. 문제는 쿰보토가 두 부인을 똑같이 좋아한다는 것이다. 쿰보토는 아이들로부터 발을 빼고는, 배를 북처럼 두들겼다.

"평화, 요컨대, 평화가 필요해!"

쿰보토는 하늘을 향해 팔을 벌리고, 두 발을 모아서 펄쩍 뛰어올랐다.

"그래, 가자! 그런데 어떡하지? 두 마누라 모두 '식사하세요, 식사!' 하고 나를 부르고 있어. 두 마누라 모두 자기 음식에 대해 자부심이 대단한데, 마누라는 둘이고, 나는 하나란 말이야. 만일 내가 오른쪽으로, 해 뜨는 쪽 부인에게 먼저 간다면, 해 지는 쪽 부인은 내게 야단법석을 떨겠지. '아하! 당신은 그쪽 부인을 더 좋아한단 말이지? 그렇지 않아?' 그렇다고 내가 먼저 왼쪽으로, 해 지는 쪽 부인에게 간다면, 해 뜨는 쪽 부인이 소리를 지르겠지. 벌써 목소리가 들리는 것 같아. '이것 봐! 틀림없어. 내 알고 있었지. 당신이 제일 좋아하는 건 그 여자였어!' 라고 소리칠 거야."

쿰보토는 물소처럼 탄식하는 소리를 내면서 바닥에 주저앉고 말았다. 그는 너무도 심란해서 말을 더듬기 시작했고, 목소리도 갈라졌다. 쿰보토는 앵무새처럼 같은 말을 되풀이했다.

"어떡하지, 그나저나 어쩌나? 어쩌나? 어쩌나? 어떤 마누라도 나를 믿, 믿지 않을 텐데? 어떡하지, 그나저나 어쩌나? 어쩌나? 어쩌나?"

가엾은 쿰보토는 아직까지 아무런 결정도 못 하고 있다. 두 명의 부인을 두면 항상 겪게 되는 일이다. 첫 비구름이 몰려올 때까지는, 모든 것이 아주 잘 되어간다. 비가 오면, 일들이 꼬이게 된다.

불쌍한 개구리 쿰보토는 아직도 범람지대에 산다. 가끔, 그는 하늘을 향해 "개골! 개골!"하고 소리를 지른다. 그의 목소리는 목을 조르는 듯한 이상한 소리인데, 그것은 그가 걱정이 많기 때문이다. 지금도 비가 오면 개구리는 두 부인 사이에서 결정을 못 하고 "개골! 개골!" 망설이고 있다.

"어떡하지, 어떡해? 어쩌지? 어쩌지? 어쩌지?"

니앙가와 표범

··· 앙골라 민담

어느 날, 사냥꾼 '니앙가'가 개 두 마리를 데리고 총을 메고 사냥을 나갔다. 하루 종일 돌아다녔지만, 그는 사냥감을 발견하지 못했다. 별수 없이 집으로 돌아오는 길에, 그는 나뭇가지 틈에 끼어있는 표범을 발견했다. 표범은 니앙가를 보고 말했다.

"니앙가님, 저를 좀 꺼내주세요."

"어떻게 된 일이냐, 누가 너를 이렇게 했느냐?" 니앙가가 물었다.

"먼저 저를 꺼내주세요. 그러면 말해 드릴게요." 표범이 말했다.

니앙가는 표범을 꺼내서 땅으로 내려오게 해주었다. 표범이 말했다.

"코끼리가 나를 나뭇가지 사이에 내던져서 끼게 만들었어요. 그런데, 목숨을 살려 준 사람은 그 이상을 주게 되어있지요. 나는 이틀 동안이나 아무것도 먹지 못했어요. 저에게 먹을 것을 좀 주세요."

니앙가는 가지고 있던 음식을 표범에게 주었다. 음식을 순식간에 먹어버린 표범이 말했다.

"이걸로는 충분하지 않아요. 음식을 더 줘요."

"가지고 있는 음식이 없는데, 어디서 먹을 것을 구한단 말이냐?" 니앙가가 말했다.

"개가 있잖아." 표범이 말했다.

니앙가는 개 한 마리를 표범에게 주었다. 개를 먹어치운 표범이 다시 말했다.

"이걸로는 충분하지 않다. 먹을 것을 더 내놓아라."

니앙가는 다른 개마저 표범에게 주었다. 표범은 개를 먹어치우고 말했다.

"아직도 충분하지 않아. 먹을 것을 더 내놔."

그때 토끼 한 마리가 근처를 지나다가, 니앙가와 표범이 하는 말을 듣고 다가왔다.

"두 분은 왜 다투고 계신 건가요?"

니앙가가 말했다.

"내가 표범이 나뭇가지에 끼어있는 것을 보고 꺼내주었는데, 나에게 계속 먹을 것을 달라는구나."

"표범님이 나뭇가지에 끼었다구요? 어떻게 그럴 수 있죠? 보기 전에는 믿을 수가 없네요. 표범님, 어떻게 나뭇가지 사이에 끼어 있었는지 저에게 한번 보여주시겠어요?"

표범은 나무에 올라가 자기가 끼어있던 나뭇가지 틈으로 들어갔다.

토끼는 나무에서 물러나면서 니앙가를 불렀다.

"니앙가님, 당신은 어리석어요. 표범은 맹수예요. 표범은 사람들을 잡아먹죠. 표범은 나뭇가지에서 빠져나오면서 당신을 잡아먹으려고 한 거예요."

니앙가는 표범을 총으로 쏘아 죽였다.

니앙가와 사슴

… 앙골라 민담

어느 날, 니앙가가 총을 메고 사냥을 나갔다. 그는 숲에 도착해서 숨어 있다가, 사슴을 한 마리 발견했다. 니앙가는 총을 쏘았고, 사슴은 쓰러졌다. 그는 사슴고기를 자르기 위해서 칼을 꺼내서 가죽을 벗겼다. 그런데 가죽을 다 벗기자, 사슴이 벌떡 일어나 달아났.

니앙가가 소리쳤다. "야! 사슴, 부끄럽지도 않으냐? 네가 집에 돌아가면 너희 엄마 아빠가 '너는 왜 벌거벗고 다니느냐? 네 가죽은 어디다 잃어버렸느냐?'라고 물으실걸?"

사슴이 멈춰 서서 말했다. "부끄러운 쪽은 네 쪽일걸? 니앙가. 네가 마을로 돌아가면 마을 사람들과 네 아내가 너에게 '사슴을 잡았다면서 왜 고기는 없고 가죽만 들고 왔느냐?' 하면서 놀려댈걸?"

니앙가는 더 이상 말을 못 하고 사슴 가죽을 들고 집으로 돌아왔다. 사람들이 니앙가가 사슴을 잡았다는 소식을 듣고 그를 찾아왔다. 니앙가는 그들에게 사슴 가죽을 보여주며 말했다.

"내가 숲에 숨어 있다가 사슴을 쏘았어요. 사슴이 쓰러져서 가죽을 벗겼죠. 그런데 그 사슴이 도망갔어요. 이렇게 가죽만 남기고 말이죠."

사람들이 그 말을 듣고 모두가 폭소를 터트렸다. 모두가 말도 안 되는 소리라고 니앙가를 비웃었다.

결국, 사슴의 말이 옳았다. 부끄러움은 니앙가의 몫이었다. 사슴이 이겼다.

토끼와 표범

··· 앙골라 민담

어느 날 토끼가 커다란 망태기를 짰다. 그는 망태기를 들고 들판으로 호박을 따러 갔다. 가던 중에 토끼는 표범을 만났다. 배고픈 표범은 토끼를 당장 잡아먹으려다, 토끼가 자기 몸보다 큰 망태기를 가지고 가는 것을 보고 호기심이 일었다. 표범이 토끼에게 물었다.

"토끼야 너는 아주 용감하구나. 이렇게 큰 망태기를 가지고 어디를 가는 길이냐? 그것으로 무엇을 하려는 거냐?"

"표범님, 저는 호박을 따러가는 길입니다." 토끼가 떨면서 말했다.

"정말이냐? 망태기가 너보다 한참 큰데, 만일 호박을 가득 채우면 네가 그것을 들고 갈 수 있겠느냐?" 표범이 말했다.

"표범님, 저는 표범님이 이 망태기 안에 들어가도 들고 갈 수 있습니다." 토끼가 말했다.

표범이 비웃으면서 말했다.

"너는 아주 주제넘구나. 만일 내가 이 안에 들어가서 네가 들고 가지 못한다면 어떻게 하겠느냐?"

"그러면 저를 잡아먹으십시오." 토끼가 말했다.

토끼의 말에 흥미를 느낀 표범이 말했다.

"좋다. 만일 나를 들지 못하면, 너는 나에게 잡아먹힐 줄 알아라."

표범이 망태기 안에 들어가자 토끼가 말했다.

"표범님, 제가 망태기를 들 때 흔들려서 표범님이 땅에 떨어질지 모르니, 망태기를 묶겠습니다."

"좋다. 그렇게 해라." 표범이 말했다.

토끼가 밧줄을 가져와서 망태기 입구를 묶으며 말했다.

"표범님, 표범님이 보셔야 하니 목만 꺼내 놓으십시오."

표범은 토끼의 말대로 망태기 위로 목만 꺼냈다. 토끼는 망태기 입구를 밧줄로 단단히 묶었다. 그러자 토끼는 허리에서 손도끼를 꺼내서 표범의 머리를 내리쳤다. 놀란 표범이 말했다.

"너는 지금 무엇을 하는 것이냐?"

"네놈이 죽인 우리 동족의 원수를 갚는 것이다." 토끼가 말했다.

토끼는 표범이 죽을 때까지 표범의 머리를 내리쳤다. 표범이 죽자 토끼는 표범의 가죽을 벗기고, 고기를 집으로 가져가서 한동안 그 고기로 먹고 살았다.

거북이 죽이기

··· 앙골라 민담

한 사람이 수풀에서 거북이를 잡았다. 그는 거북이를 마을로 가지고 왔다. 사람들이 말했다.
"거북이를 죽이자!"
한 사람이 말했다.
"그런데 어떻게 거북이를 죽이지?"
다른 사람들이 말했다.
"도끼를 쓰면 거북이를 죽일 수 있을 거야."
그러자 거북이가 노래했다.

"나는 거북이라네.
도끼로 내 껍질을 깰 수 없다네.
도끼로는 나를 죽일 수 없다네."

사람들이 말했다.
"도끼가 안 되면 뭐로 죽이지?"
"돌로 쳐서 죽이자"
거북이가 노래했다.

"나는 거북이라네.
돌로 내 껍질을 깰 수 없다네.

돌로는 나를 죽일 수 없다네."

사람들이 말했다.
"불로 태워 죽이자."
거북이가 노래했다.

"나는 거북이라네.
불로는 나를 죽일 수 없다네.
내 껍질은 돌같이 단단해서
불이 붙지 않는다네."

사람들이 말했다.
"칼로 죽이자."
거북이가 노래했다.

"나는 거북이라네.
칼로는 나를 죽일 수 없다네.
내 껍질은 돌같이 단단해서
칼로 뚫을 수 없다네."

사람들이 말했다.
"물에 빠트려 죽이자."
거북이가 노래했다.

"아이고, 나는 이제 죽었구나.
물속에 가라앉아 죽는구나.
나는 이제 어떻게 하나."

사람들은 옳다구나 하면서 거북이를 강으로 가져가 물속에 던졌다. 거북이는 유유히 헤엄치면서 말했다.

"물속은 내 집이라네.
물속은 내 집이라네."

거북이는 사람들을 비웃으며 사라졌다. 사람들은 그때야 자신들이 거북이에게 속았다는 것을 알게 되었다. 거북이는 그 후로 물에서 살게 되었다.

대장장이와 까마귀
··· 앙골라 민담

한 대장장이가 괭이를 만들었다. 그는 자신이 만든 괭이들을 팔려고 집을 나섰다. 한 마을에 도착한 대장장이는 그곳에서 까마귀들을 만났다.

"괭이를 사시게." 대장장이가 말했다.

"괭이를 먼저 주면 나중에 값을 치르겠소. 우리가 그것으로 벌집을 따서 석 달 후에 밀랍으로 갚으리다." 까마귀들이 말했다.

대장장이는 그 말에 동의하고 괭이들을 모두 넘겨준 후 집으로 돌아왔다.

석 달이 지나자 대장장이는 괭이값을 받으러 까마귀들을 찾아갔다.

"이제 시간이 됐으니 괭이값으로 밀랍을 주시오." 대장장이가 말했다.

까마귀들이 말했다.

"당신은 누구에게 괭이를 판 거요?"

"너희들에게 팔았지." 대장장이가 말했다.

까마귀들이 비웃으며 말했다.

"이 사람아, '바오밥 나무에서 섬유를 얻으려면, 먼저 껍질을 벗겨야지'.[7] 사람이고 동물이고 모두 다 이름이 있게 마련이야.

---

7) 모든 일에는 순서가 있다는 격언 - 옮긴 이

당신이 그냥 '너희들'이라고 하면 어떻게 아나? 우리는 모두 까마귀들이야. 우리는 모두 비슷하게 생겼고, 모두 같은 색이야. 당신이 괭이를 판 까마귀를 찾으려면, '페텔레'라던가 '루밍구'하는 식으로 이름을 불러야지. 그러면 그들이 당신에게 괭이값을 지불할 거야."

대장장이는 그 말을 듣고 말문이 막혔다. 그는 어떻게 해야 할지, 무슨 말을 해야 할지 몰랐다. 화가 난 그는 까마귀 모두를 고소하겠다고 말하고 집으로 돌아왔다.

다음 날 아침, 대장장이는 새들의 왕인 '카테테'를 찾아갔다.

"전하, 저는 까마귀들을 고소하겠습니다. 그들은 저에게서 괭이를 사 가고도, 값을 치르지 않고 있습니다." 대장장이가 말했다.

카테테 왕은 까마귀들을 모두 불렀다. 까마귀들이 모두 오자, 궁이 온통 검은색이 되었다.

"너희 까마귀들은 어째서 대장장이에게 괭이값을 주지 않았느냐?" 카테테가 물었다.

까마귀들이 말했다.

"전하, 값을 치르지 않은 것은 사실입니다. 그러나 바오밥 나무에서 섬유를 얻으려면 먼저 껍질을 벗겨야 하는 법입니다. 대장장이는 '누구, 누구'라고 우리 이름을 불러야 합니다. 그냥 까마귀들이라고 하면 우리가 어떻게 알 수 있겠습니까? 우리가 모두 모였으니 저기 앉아있는 대장장이에게 자신이 괭이를 판 까마귀를 가려달라고 하십시오. 새들의 왕인 카테테시여, 저희가 드릴 말은 이것입니다."

"이 재판은 판결을 내리기가 매우 어렵구나. 대장장이야, 네가 괭이를 판 까마귀들의 이름을 불러보아라." 카테테가 말했다.

"까마귀들입니다." 대장장이가 말했다.

"우리는 모두 까마귀들이다, 대장장이, 네가 괭이를 판 까마귀의 이름들을 대라. 그럼 그들이 괭이값을 치를 것이다." 까마귀들이 말했다.

대장장이는 그들의 이름을 댈 수 없었다.

"나로서는 결정할 수가 없구나," 카테테가 말했다.

그때 멧비둘기 한 마리가 날아왔다.

멧비둘기는 나무 위에 내려앉으면서 말했다.

"무슨 일로 이렇게 논란을 벌이고 계십니까?"

"까마귀들이 내 괭이를 사 갔는데, 괭이를 사 간 까마귀 이름을 부를 수 없다고 값을 지불하기를 거절하고 있구나." 대장장이가 말했다.

"우리는 괭이를 산적이 없다." 까마귀들이 말했다.

멧비둘기는 잠시 생각해 보더니 말했다.

"이 문제는 제가 해결할 수 있을 것 같군요."

멧비둘기는 나무 아래로 내려와서 잠시 둘러보더니, 다시 나무 위로 날아올랐다. 그리고 대장장이에게 말했다.

"대장장이, 저놈이요! 저놈을 묶으시오! 그리고 저놈이요! 저놈도 묶으시오. 저놈! 저놈도 묶으시오!"

대장장이는 멧비둘기가 가리킨 까마귀들을 모두 묶었다. 묶인 까마귀 중 몇 마리가 말했다.

"제가 괭이를 샀습니다. 값을 치르겠습니다."

다른 까마귀들이 말했다.

"저는 아닙니다. 억울합니다. 저를 풀어주시면, 괭이를 사 간 까마귀를 말해드리겠습니다."

결국, 대장장이에게 괭이를 사 간 까마귀들이 모두 잡혔다. 그들은 모두 대장장이에게 괭이값을 지불했고, 재판은 끝났다. 현명한 멧비둘기 덕에 대장장이는 재판에 이길 수 있었다. 사람들은 비둘기가 '구구'하고 울면, '비둘기가 구구하고 운다.'라고 말한다. 그것은 사실이 아니다. 비둘기는 대장장이의 재판을 판결하고 있는 것이다.

사자들과 키모나-은곰베

··· 앙골라 민담

사자 가족이 있었다. 어느 해에 큰 기근이 들어서, 어느 곳에서도 먹을 것을 찾을 수가 없었다. 사자들이 말했다.

"우리가 어떻게 해야 할까? 모두 굶어 죽겠다. 인간의 집에 소들이 있는데, 어떻게 그곳에 들어갈 수 있을까? 그곳은 멀지 않은 곳에 있다."

배고픈 사자들은 모두 인간의 마을 근처로 갔다.

한 젊은 암사자가 사람으로 변신했다. 사자들은 그녀에게 좋은 옷을 입히고 머리를 잘 손질했다. 사자들은 젊은 여자로 변한 암사자에게 지시했다.

"너는 마을로 들어가서 소를 많이 소유한 남자에게 접근해야 한다. 그의 이름은 '은갈라 키모나-은곰베'이다. 그를 만나면 '저는 이곳에 사는 오빠를 만나러 가는 길입니다.'라고 말해라. 은갈라 키모나-은곰베가 너를 보면, 너에게 말을 걸 것이고, 너와 결혼하자고 할 것이다. 그가 너와 결혼하면 네가 그를 죽여라. 그러면 우리가 소들을 잡아먹을 수 있다."

암사자는 동의하고 즉시 출발했다. 그녀는 키모나-은곰베의 집에 도착해서, 문턱에 걸터앉아있는 키모나-은곰베를 발견했다.

키모나-은곰베가 그녀에게 물었다.

"아가씨, 어디에서 오는 길인가요?"

"저는 제 오빠를 만나러 왔어요. 제가 매우 피곤한데, 저에게 마실 물 좀 주실 수 있으신가요?" 젊은 여자가 말했다.

"아가씨는 결혼하셨나요?" 키모나-은곰베가 물었다.

"아직 결혼하지 않았습니다." 여자가 대답했다.

키모나-은곰베는 즉석에서 청혼했고, 여자는 받아들였다.

"먼저 저를 집에 보내 주세요. 제 부모님께 말씀드리고, 이틀 후에 돌아오겠습니다."

이렇게 말하고 암사자는 사자들에게 돌아왔다.

"키모나-은곰베가 저에게 결혼하자고 청혼을 했어요."

"잘되어가고 있다." 사자들이 말했다.

암사자는 이틀이 지나고 다시 돌아왔다. 키모나-은곰베는 염소를 잡아서 잔치를 했고, 그녀에게 새집을 만들어 주었다.

그날 저녁, 키모나-은곰베는 가족에게 자신은 신부의 집에 가서 자겠다고 말했다. 그에게는 첫째 부인과의 사이에서 태어난 아들이 있었는데, 아이의 이름은 '은달라'였다. 아직 어린아이였던 은달라는 아버지에게 떼를 쓰며 매달렸다.

"나는 아빠와 같이 잘래요."

"네 아버지는 신부의 집에 가서 자야 한다. 너는 엄마하고 같이 자야 해." 첫째 아내가 아이에게 말했다.

그러나 아이는 울면서 아버지를 따라갔다. 키모나-은곰베는 결국 아이의 청을 받아 줄 수밖에 없었다.

"아이가 나에게서 떨어지지 않으려고 하는구려. 아이를 데려가서 같이 자겠소." 키모나-은곰베가 첫째 부인에게 말했다.

키모나-은곰베와 아들은 같이 신부의 집으로 갔다.

"어떻게 첫날밤에 아이를 데리고 오실 수 있나요?" 신부가 말했다.

"아이가 도저히 떨어지지 않으려고 해서 데려왔소. 아이가 제 엄마와 같이 자려고 하질 않소." 키모나-은곰베가 말했다.

그들은 아이를 바닥에 눕히고 침대에 같이 누웠다.

밤이 되자, 신부는 침대에서 일어나서 암사자로 변했다. 그녀는 키모나-은곰베르 죽이려고 했다. 그러나 아버지의 뒤에 누워 있던 아들이 암사자를 보았다. 그는 아버지를 깨우며 말했다.

"아버지, 땅에서 무엇인가가 자꾸 깨물어요."

키모나-은곰베가 일어나자, 암사자는 다시 여자로 변했다.

날이 밝고, 하루가 지나자 다시 밤이 되었다. 키모나-은곰베는 또다시 아들을 데리고 신부의 집을 찾았다. 신부가 말했다.

"오, 여보, 아이가 밤에 잠을 못 자게 깨웠는데, 또 데려오신 거예요?"

"아이가 도통 떨어지지 않으려고 하는구려." 키모나-은곰베가 대답했다.

그들은 다시 잠자리에 들었다. 여자는 자신이 왔던 곳에서 들려오는 노랫소리를 들었다.

> "키모나-은곰베를 죽이러 간 너는,
> 아직도 돌아오지 않는구나."

여자는 나지막하게 노래를 불렀다.

"키모나-은곰베의 염소는 잠이 들었어요.
키모나-은곰베의 노예들은 잠이 들었어요.
키모나-은곰베의 암탉은 잠이 들었어요.
키모나-은곰베의 돼지도 잠이 들었어요.
키모나-은곰베의 양들도 잠이 들었어요.
키모나-은곰베도 잠이 들었어요.
이런, 그의 아들 은달라는 잠이 없네요!
이런, 그의 아들 은달라는 잠이 없네요!"

노래를 마친 여지는 암사자로 변했다. 그녀는 키모나-은곰베를 죽이려 했다. 아버지 뒤에 있던 아들이 이번에도 아버지를 깨웠다.

"아버지, 일어나세요. 땅에서 무엇인가가 자꾸 깨물어요."

키모나-은곰베가 일어나서 아이를 꾸짖었다.

"이 집은 새집인데, 땅에서 무엇이 너를 깨물 수 있단 말이야?"

"바닥에 바퀴벌레와 구더기들이 있어요." 아들이 말했다.

"거짓말하지 말아라! 더 이상 네 말을 듣지 않겠다." 키모나-은곰베가 말했다.

그리고 그는 다시 잠을 잤다. 여자는 멀리서 사자들이 부르는 노랫소리를 들었다.

"키모나-은곰베를 죽이러 간 너는,
아직도 돌아오지 않는구나."

여자는 나지막하게 노래를 불렀다.

"키모나-은곰베의 염소는 잠이 들었어요.
키모나-은곰베의 노예들은 잠이 들었어요.
키모나-은곰베의 암탉은 잠이 들었어요.
키모나-은곰베의 돼지도 잠이 들었어요.
키모나-은곰베의 양들도 잠이 들었어요.
키모나-은곰베도 잠이 들었어요.
이런, 그의 아들 은달라는 잠이 없네요!
이런, 그의 아들 은달라는 잠이 없네요!"

은달라는 아버지 뒤에서 벌떡 일어나 소리쳤다.
"아버지, 일어나세요! 집안에 맹수가 있어요!"
키모나-은곰베가 화가 나서 말했다.
"가자! 너를 네 엄마에게 데려다주어야겠다. 너는 도통 내가 잠을 잘 수 없게 만드는구나!"
그들은 밤중에 밖으로 나왔다. 밖으로 나오자 아들이 말했다.
"아버지, 아버지 신부가 맹수로 변했어요."
키모나-은곰베는 그 말을 믿지 않았다.
"이놈, 거짓말하지 말아라!"
"아니에요, 정말이에요, 아버지. 집으로 돌아가서 자는 척 해보세요. 그러면 알게 되실 거예요." 그래서 키모나-은곰베는 다시 집으로 들어가기로 했다.

신부가 물었다.

"아이를 제 엄마에게 데려다주신다더니, 왜 다시 데려오신 건가요?"

"아이가 다시는 안 그런다고 했소." 키모나-은곰베가 대답했다.

그들은 다시 자기로 했다. 키모나-은곰베는 이불을 머리끝까지 올리고 자는 척하면서 지켜보았다. 멀리서 사자들이 부르는 노랫소리가 들렸다.

"키모나-은곰베를 죽이러 간 너는,
아직도 돌아오지 않는구나."

여자가 나지막하게 노래를 불렀다.

"키모나-은곰베의 염소는 잠이 들었어요.
키모나-은곰베의 노예들은 잠이 들었어요.
키모나-은곰베의 암탉은 잠이 들었어요.
키모나-은곰베의 돼지도 잠이 들었어요.
키모나-은곰베의 양들도 잠이 들었어요.
키모나-은곰베도 잠이 들었어요.
이런, 그의 아들 은달라는 잠이 없네요!
이런, 그의 아들 은달라는 잠이 없네요!"

키모나-은곰베는 여자가 암사자로 변하는 것을 보았다. 그는 아들 은달라의 말이 사실이라는 것을 알았다. 그는 일어나서 아들에게 말했다.

"일어나라 아들아, 너를 네 엄마에게 데려가야겠다."

키모나-은곰베는 아이를 엄마에게 데려다주겠다고 여자를 안심시키고, 집 밖으로 나왔다. 은달라를 자기 엄마에게 데려다주고 난 후, 키모나-은곰베는 마을 사람들과 노예들을 불러서 말했다.

"저 집에 불을 놓으시오! 내가 막 결혼했던 저 여자가 암사자로 변했소!"

사람들이 집을 둘러싸고 불을 질렀다. 집은 순식간에 불길에 휩싸였고, 암사자는 타죽었다. 키모나-은곰베는 아이 덕분에 목숨을 건지게 되었고, 그 후로 다음과 같은 격언이 생겼다.

"아이의 말은 항상 진실이다."

영리한 토끼 카딤바[8]

… 앙골라 민담

토끼 '카딤바'는 밭에 작물을 심기 위해 먼저 밭을 잘 개간해야 했다. 그러나 그 일은 카딤바 혼자 하기에는 너무 일이 많았다. 그는 곧 자기 힘을 쓰지 않고 밭을 개간할 수 있는 방법을 찾았다. 토끼는 자기 밭을 가로질러 긴 밧줄을 늘어트려 놓고, 수풀에서 기다렸다.

곧 코끼리가 왔다. 토끼는 자신이 줄다리기에서 코끼리를 이길 수 있다고 장담했다. 그 말을 들은 코끼리는 토끼를 비웃으면서 밧줄의 한쪽 끝을 코로 감아쥐었다.

토끼는 밭을 가로질러 뛰어가서 다른 쪽 덤불 뒤에 숨었다. 곧 하마가 왔다. 토끼는 하마에게도 줄다리기를 제안했다. 하마는 토끼의 생각이 우스꽝스럽다고 생각했지만, 그의 이빨로 밧줄을 집어 들었다. 그러자 토끼는 수풀로 뛰어들어가 밧줄을 잡아당겼다.

코끼리와 하마는 밧줄이 당겨지자 각각 힘껏 당기기 시작했다. 둘의 힘은 호각지세였다. 한편이 끌어당기면, 상대편은 잠시 끌려갔다가 다시 자기 쪽으로 끌어왔다.

코끼리와 하마는 하루 종일, 그리고 밤이 새도록 밧줄을 잡아

---

[8] 카딤바는 중부 아프리카 남부의 반투어 계열 언어를 사용하는 민족들의 이야기에 등장하는 사기꾼 캐릭터이다. 카딤바는 서부 아프리카에 널리 퍼져있는 '아난시 이야기'의 거미 아난시나, 나이지리아 요루바족의 민담에 등장하는 거북이 '이자파'와 거의 동일한 역할을 한다. 대부분의 다른 속임수 이야기들에서처럼 카딤바는 게으르지만 꾀가 많고, 탐욕스러운 성격을 갖는다. - 옮긴 이

당겼다. 마침내 그들은 항복했고, 작은 토끼가 어떻게 자신들을 이길 수 있었는지 궁금해했다.

  토끼는 결과에 매우 만족했다. 코끼리와 하마가 밧줄을 앞뒤로 끌 때마다, 토끼의 밭에는 굵직한 이랑이 생겼다.

아·프·리·카·의·신·화·와·전·설

제 3 장
중앙아프리카공화국 신화와 전설

죽음을 선물한 신, 은잠베
··· 중앙아프리카공화국 신화

'은잠베'는 최고신이다. 죽음의 기원에 관해서 은잠베는 인간에게 영생과 개인적 부 사이에 선택권을 주었었다.

어느 날 어떤 마을에 한 남자가 두 개의 꾸러미를 들고 나타났다. 남자는 마을 사람들을 모두 불러서 두 꾸러미 중 하나를 선택하라고 말했다. 한 꾸러미는 매우 크고, 그 안에는 아름다운 구슬과 화려한 옷가지들, 그리고 칼, 거울 등 온갖 진귀한 물건들이 들어있었다. 다른 꾸러미는 작고 볼품없었는데, 남자는 그 안에 영원한 생명이 들어있다고 말했다. 마을의 여자들은 큰 꾸러미를 선택했다. 그들은 구슬과 옷가지들을 걸치고, 탐욕스럽게 큰 꾸러미를 가지고 갔다. 그 남자는 사실 은잠베였다. 은잠베는 작은 꾸러미를 가지고 사라졌고, 인간은 영원히 살 기회를 잃어버렸다.

노총각들과 비단뱀

… 중앙아프리카공화국 전설

옛날 어느 마을에 결혼하지 않은 청년이 딱 두 명 있었다. 다른 청년들은 모두 적절한 배우자를 찾았지만, 두 사람은 배우자를 찾지 못했다. '칼레멜레메'는 너무도 착하고 겸손해서 항상 남에게 먼저 양보하느라 자신의 권리를 주장하지 못했다. 반면에 '킨쿠'는 성격이 너무 못돼서, 그 누구도 그의 짜증을 견뎌낼 수 없었다. 두 사람은 불행하게 혼자 살았다.

그러던 어느 날, 칼레멜레메는 활과 화살을 가지고 아침 일찍 숲속으로 사냥을 갔다. 풀잎에 아직 이슬이 맺혀있을 때, 칼레멜레메는 회색 야생고양이와 갈색 야생고양이를 쏘아 잡았다. 집으로 돌아오는 길에 그는 커다란 비단뱀인 '모마'를 만났다. 모마는 숲에서 가장 힘이 센 뱀이었다. 그러나 변온 동물인 비단뱀은 아침의 낮은 기온에 몸이 굳어서 움직일 수가 없었다.

칼레멜레메가 그를 활로 쏘려 하자, 모마가 애원했다.

"친절한 분이시여, 나에게 자비를 베풀어 주세요. 나는 추위에 몸이 굳었어요. 나를 따듯한 강으로 데려가 주세요."

칼레멜레메는 불쌍한 마음이 들었다. 그는 큰 뱀을 어깨에 걸치고 강으로 가서, 모마를 강에 넣어 주었다. 비단뱀 모마는 갈대 위로 머리를 들고서 말했다.

"고맙습니다, 친절한 이여. 나는 당신이 고독하게 사는 것을 보았어요. 당신의 회색 야생고양이와 갈색 야생고양이를 물에 던지면, 물의 정령이 선물을 줄 거예요."

칼레멜레메는 회색 고양이와 갈색 고양이를 강으로 던졌다. 그러자 수면에 잔물결이 생기더니, 점점 더 붉은색으로 변했다. 마침내 수면 아래에서 커다랗고 붉은 입이 나타났다.

칼레멜레메는 그 안으로 손을 집어넣어, 호리병 박을 하나 꺼냈다. 그는 호리병 박을 집으로 가져와서 열어보았다. 그러자 그 안에서 아름다운 여인이 걸어 나왔는데, 칼레멜레메는 그렇게 아름다운 여인을 본 적이 없었다. 그녀는 너무도 참하고 너무도 사랑스러웠다. 그녀는 매트를 짤 줄 알았고, 바구니도 만들고, 단지도 만들었다. 그녀는 집을 멋있게 꾸몄으며, 정원을 잘 가꾸었다. 그녀는 또 음식을 정성스럽게 마련해서 기꺼이 이웃에게 나누어 주었다. 얼마 지나지 않아, 칼레멜레메와 그의 아름다운 아내는 마을에서 가장 사랑받는 사람들이 되었다.

그러자 킨쿠가 칼레멜레메에게 와서 물었다.

"칼레멜레메, 너는 어디서 네 부인을 얻은 거야?"

"물의 정령이 나에게 주었어." 칼레멜레메가 대답했다.

칼레멜레메는 킨쿠에게 비단뱀을 만났던 일을 설명해 주었다.

"좋아! 나도 아내를 얻으러 가겠어!"

이렇게 말하고 킨쿠도 활과 화살을 가지고 해가 중천에 떠서 찌는 듯이 더울 때 사냥을 떠났다.

그는 회색 야생고양이와 갈색 야생고양이를 잡았다. 집으로 돌아오는 길에 그도 비단뱀 모마를 만났다. 모마는 더위에 지쳐있었다. 킨쿠가 활로 쏘려 하자 모마는 간청했다.

"킨쿠, 자비를! 나에게 자비를 베풀어 주세요. 더워서 숨이 막힐 지경이에요. 나를 시원한 강으로 데려가 주세요."

"뭐라고! 너 같은 역겨운 뱀을 데려가 달라고? 네가 알아서 강으로 찾아가!"

"알았어요, 내가 찾아가지요."

비단뱀은 덤불 사이를 기어갔고, 킨쿠는 그 뒤를 따라갔다.

모마는 강으로 뛰어들어서 갈대 위로 머리를 들고서 말했다.

"킨쿠, 나는 네가 고독하게 사는 것을 보았다. 너의 회색 야생고양이와 갈색 야생고양이를 물에 던지면 물의 정령이 선물을 줄 것이다."

킨쿠는 회색 고양이와 갈색 고양이를 강으로 던졌다. 그러자 강물에 잔물결이 생기더니 점점 더 붉은색으로 변했다. 킨쿠는 수면 아래에서 커다랗고 붉은 입이 나타나는 것을 보았다. 그는 그 안으로 손을 집어넣어 커다란 호박을 하나 꺼냈다. 그는 비틀거리면서 호박을 집으로 가지고 왔다. 호박은 그가 걸어가는 동안 점점 더 커졌다. 결국, 킨쿠는 그것을 떨어트렸다. 호박이 쪼개지면서 그 안에서 한 여자가 걸어 나왔는데, 킨쿠는 그렇게 못생긴 여자를 본 적이 없었다. 킨쿠가 충격에서 헤어 나오기도 전에, 그녀는 철썩하고 그의 귀싸대기를 때렸다. 그리고는 그의 코를 붙잡고 말했다.

"이리와, 킨쿠! 내가 네 부인이다!"

그녀는 킨쿠가 '아니다'라고 말할 기회도 주지 않았다. 그녀는 킨쿠를 회초리로 때리고, 주먹으로 갈기고, 괴롭히고, 책망했다.

그녀는 킨쿠를 끔찍한 삶으로 이끌었다. 그녀는 성격이 못됐을 뿐만 아니라 게으르기까지 했다. 그녀는 언제나 누워서 킨쿠를 부려먹었다.

"킨쿠, 물을 길어와!"

"킨쿠, 장작을 해와!"

"킨쿠, 정원을 가꿔!"

"킨쿠, 요리해!"

킨쿠는 물의 정령을 원망했지만, 그 모든 것이 자기 탓이라는 것을 그 누구보다도 잘 알고 있었다.

거북이와 독수리의 우정
··· 중앙아프리카공화국 전설

거북이와 독수리가 만나는 것은 흔히 있는 일은 아니었다. 왜냐하면, 독수리는 주로 구름 속에서 시간을 보냈고, 거북이는 수풀 아래에서 살았기 때문이다. 그러나 독수리는 거북이가 친구를 환대한다는 말을 듣고는 그를 찾아갔다. 거북이 가족은 그들의 새로운 친구를 기쁘게 맞이했고, 그에게 좋은 음식을 아낌없이 대접했다. 그래서 독수리는 계속해서 거북이를 찾아왔다. 그러나 집으로 돌아갈 때마다 독수리는 혼자 웃었다.

"하! 하! 하! 나는 땅에서 거북이의 환대를 즐길 수 있지만, 거북이는 나무 꼭대기에 있는 내 둥지에는 올라올 수가 없지!"

독수리는 계속해서 거북이를 찾아왔고, 그때마다 좋은 음식을 대접받았다. 독수리는 돌아갈 때마다 빈말로 거북이도 자기 집에 놀러 오라고 말했다. 그러나 거북이는 높은 나무 위에 있는 독수리의 집에 갈 방법이 없었다. 그의 이기심과 배은망덕함은 곧 숲속 동물들의 화젯거리가 되었다.

개구리는 독수리와 원수 사이였다. 왜냐하면, 독수리는 종종 공중에서 개구리들을 덮쳐서 저녁거리로 가져갔기 때문이다.

어느 날, 개구리는 개울의 뚝방에서 거북이에게 말했다.

"거북이 친구, 내게 콩을 주면 내가 너에게 지혜를 줄게."

거북이는 개구리에게 콩을 한 사발 가져다주었다. 개구리는 콩을 맛있게 먹고 나서 말했다.

"거북이 친구, 독수리는 너의 친절을 악용하고 있어. 매번 너희 집에 갔다가 돌아갈 때면 날아가면서 '하! 하! 하! 나는 땅에서 거북이의 환대를 즐길 수 있지만, 거북이는 나무 꼭대기에 있는 내 둥지에는 올라올 수가 없지!'라고 비웃고 있어. 다음에 독수리가 너를 찾아올 때 이렇게 말해 '다음에 올 때는 호리병 박을 가지고 와. 네 아내와 아이들에게도 음식을 보내줄게'라고 말이야."

거북이는 개구리가 시킨 대로 독수리에게 말했고, 독수리는 거북이 집에 올 때 호리병 박을 가지고 왔다. 독수리는 거북이 집에서 실컷 먹고는 돌아가면서 말했다.

"우리 집사람 선물은 다음번에 가지고 갈게."

독수리는 날아가면서 언제나처럼 웃음을 터트리며 말했다.

"하 하 하, 나는 거북이 집에서 실컷 먹었지만, 그는 결코 우리 집에 와서 내 음식을 먹을 수 없지!"

개구리가 와서 거북이에게 말했다.

"거북이 친구, 이제 호리병 박 안으로 들어가고, 부인에게 신선한 음식으로 그 위를 덮으라고 해. 그러면 독수리가 너를 나무꼭대기에 있는 자기 집으로 데려갈 거야."

독수리가 다시 왔다. 거북이의 부인이 독수리에게 말했다.

"제 남편은 외출했어요. 그렇지만 당신 가족에게 전해 주라고 이 호리병 박에 음식을 넣어 놨어요."

독수리는 그 안에 거북이가 있을 것이라고는 꿈에도 생각하지 못한 채, 호리병 박을 가지고 날아갔다. 거북이는 호리병 박 안에서 독수리가 웃으면서 하는 말을 하나도 빼놓지 않고 들었다.

"하 하 하, 나는 거북이의 음식을 나눠 먹지만, 그는 결코 내 집을 방문해서 내 음식을 먹을 수 없지."

독수리는 자기 집에서 호리병 박 안에 든 음식을 먹었다. 음식을 다 먹자, 호리병 박 안에서 거북이가 기어 나와서 말했다.

"독수리 친구, 너는 내 집에 와서 자주 환대를 즐겼으니, 이제는 내가 너의 환대를 즐기는 것이 좋을 것 같다."

독수리는 화가 머리끝까지 났다. 그는 "네 뼈에서 살을 발라내 버리겠다."라고 말하면서 거북이에게 달려들었다.

그러나 독수리는 거북이의 등껍질을 쪼아대다가 부리에 상처만 입었다. 거북이가 말했다.

"네가 나에게 주는 우정이 어떤 것인지 알겠다. 나를 갈기갈기 찢어 놓겠다고? 이런 상황이라면, 나를 집으로 데려다줘. 우리 우정은 이제 끝난 거야."

"그러면 네 집으로 돌아가!" 독수리가 악을 썼.

"너를 땅바닥에 던져버릴 거야. 너는 떨어져서 박살이 날것이야."

그러나 거북이는 독수리의 발을 덥석 물었다.

"내 발을 놔! 내 발에서 떨어져, 떨어져!"

독수리는 고통에 차서 신음소리를 내며 말했다.

"네가 나를 내 집으로 데려다 주면 기꺼이 그렇게 하지." 거북이가 말했다.

거북이는 독수리의 다리를 더욱 세게 물었다. 독수리는 구름 위로 날아올라서 쏜살같이 낙하했다. 그는 발을 흔들어도 보고 이리저리 비틀어도 보았지만, 거북이를 떼어 놓을 수 없었다. 할 수 없이 독수리는 거북이를 자기 집으로 안전하게 데려다주는 수밖에 없었다.

독수리가 거북이를 내려놓고 날아오르자, 거북이가 독수리 뒤에 대고 말했다.

"우정이란 양쪽 모두의 헌신이 필요한 거야. 내가 너를 환대하고 네가 나를 환대해야 하는 거지. 그러나 너는 나를 우롱하고, 내 환대를 비웃었어. 이제 더 이상의 우정은 없어. 다시는 찾아오지 마!"

돈을 재배한 토끼

… 중앙아프리카공화국 민담

옛날에 부자인 추장이 있었다. 그는 많은 농장을 가지고 있었고, 동물들에게 그 농장들을 소작을 주고 있었다. 우기가 찾아오자, 추장은 농장들을 경작할 계획을 세웠다. 그는 동물들을 불러서 각각 어떤 씨앗을 뿌리고 싶은지 물었다. 어떤 동물은 옥수수를 선택했고, 어떤 동물은 수수를 선택했다. 어떤 동물은 카사바를 키우겠다 약속했고, 또 어떤 동물은 쌀을 재배하겠다고 말했다.

마침내 토끼 '칼루루'에게 어떤 작물을 키우겠느냐고 물어보게 되었다. 토끼가 대답했다.

"추장님, 저에게 돈을 한 자루 주시면 그것을 키워보겠습니다."

"누구, 돈을 재배한다는 말을 들어본 자 있느냐?" 추장이 물었다.

"그러면 제가 어떻게 하는 것인지 보여드리겠습니다." 칼루루가 대답했다.

결국, 칼루루는 씨앗으로 돈 자루를 받았다. 그러나 사실 토끼는 돈을 경작할 마음이 없었다. 추장에게 돈을 얻어낼 마음에서 거짓말을 한 것이었다. 그는 돈을 받자마자 시장으로 가서 옷과 건어물, 구슬 등등을 사느라 그 돈을 다 써버렸다. 수확 철이 되자 추장은 토끼를 불러서 말했다.

"칼루루, 네가 수확한 돈을 가져와라."

"돈은 아주 천천히 자랍니다. 이제 겨우 잎이 났습니다." 칼루루가 말했다.

토끼는 또 한해를 게으르게 보냈다. 다시 수확 철이 돌아오자, 추장은 그를 불러서 말했다.

"칼루루, 네가 수확한 돈을 가져와라."

"돈은 아주 아주 천천히 자랍니다. 이제 막 꽃이 피었습니다." 칼루루가 대답했다.

칼루루는 또 한해를 아무것도 하지 않고 보냈다. 또다시 수확 철이 되자, 추장은 그를 불러서 말했다.

"칼루루, 네가 수확한 돈을 가져와라."

"돈은 아주 천천히 자랍니다. 이제 막 이삭이 맺혔습니다." 칼루루가 대답했다.

토끼는 이제 자신이 빼도 박도 못하게 되었다는 것을 느끼기 시작했다. 그렇지만 어떻게 해야 할지 몰랐다. 일반적으로 거짓말은 또 다른 거짓말을 부르게 마련이다.

4년째 되는 해, 추장은 의심이 들기 시작했다. 그래서 멧돼지에게 작물이 잘 크고 있는지 확인해 보고, 칼루루에게 수확한 돈을 가져오라는 메시지를 전하라고 보냈다.

멧돼지는 토끼를 찾아가서 추장의 명으로 농장을 시찰해야 한다고 말했다. 칼루루는 이제 자신이 무언가를 해야 한다는 것을 알았다. 그러나 그는 무엇을 해야 할지 몰랐다. 그는 멧돼지에게 말했다.

"멧돼지야, 돈 농장은 멀리 숲속에 있어. 왜냐하면, 그런 작물은 마을 근처에서 키우면 안 되거든. 누구든 그걸 훔쳐가려고 할 거야."

"그러면 내가 농장까지 같이 갈게." 멧돼지가 말했다.
"추장님이 나보고 농장을 보고 오라고 하셨거든."
토끼는 아주 곤혹스러웠다. 그는 이제야 바보같이 거짓말을 하는 것이 아니었다고 생각했다. 그들은 집을 나와서 걸어갔다. 한참을 걷다가 칼루루가 말했다.
"멧돼지야, 베개를 가져오는 것을 깜박했어. 집에 가서 가져와야겠어. 왜냐하면, 오늘 밤은 농장에서 자야 하거든. 이제 너무 멀리 와서 하루 만에 갔다 올 수 없겠어."
토끼는 달려서 되돌아갔다. 그러나 멀리 가지 않아 멈춰서 갈대를 하나 꺾어 들고는, 멧돼지가 기다리고 있는 곳으로 살금살금 다가갔다. 그리고는 갈대를 힘차게 불면서 굵은 목소리로 외쳤다.
"아빠! 여기 멧돼지가 있어요! 빨리 와서 죽이세요!"
멧돼지는 사냥꾼이 자기를 따라온 것으로 생각하고 걸음아 날 살려라 도망쳤다. 그러자 칼루루는 곧바로 추장에게 가서 말했다.
"추장님, 저는 멧돼지와 함께 돈 농장으로 가고 있었습니다. 그런데 멧돼지가 숲속에서 겁을 먹고 도망쳐버렸습니다."
추장은 매우 화가 났다. 그래서 멧돼지에게 벌을 주겠다고 위협하고는, 사자에게 말했다.
"사자야, 너는 숲에서 아무것도 두려워하는 것이 없으니, 칼루루와 같이 가서 돈 농장에서 무엇을 보여주는지 보고 와라."
토끼는 또다시 곤혹스러워졌다. 그는 바보같이 거짓말을 하는 것이 아니었다고 생각했다. 토끼와 사자는 집을 나와서 한참을 걸어갔다. 마침내 칼루루가 말했다.

"사자야, 내가 도끼를 가져오는 것을 잊었어. 나뭇가지들이 자꾸 눈가에 걸려. 내가 집에 달려가서 도끼를 가져올 동안 잠깐만 기다려."

토끼는 잠시 달려가다가 돌아서서 사자가 기다리고 있는 곳으로 살금살금 다가갔다. 그리고 갈대를 힘차게 불면서 굵은 목소리로 외쳤다.

"아빠! 여기 사자가 있어요! 빨리 활을 가져와서 쏘세요!"

사자는 너무 겁에 질려서 사냥꾼이 자기를 따라온 것으로 생각했다. 사자는 죽기 살기로 도망갔다. 그러자 칼루루는 곧바로 추장에게 가서 말했다.

"추장님, 저는 사자에게 멋진 돈 농장을 보라고 말했습니다. 내가 얼마나 돈을 잘 키웠는지 보라고 했죠. 그런데 사자는 숲속에서 겁을 먹고 도망쳐버렸습니다."

추장은 매우 화가 났다. 그래서 사자에게 벌을 주겠다고 위협하고는 말했다.

"버펄로야, 너는 숲을 두려워하지 않으니 네가 칼루루와 같이 가라. 그가 돈 농장을 보여줄 것이다."

토끼는 또다시 곤혹스러워졌다. 그는 바보같이 거짓말을 하는 것이 아니었다고 생각했다. 토끼와 버펄로도 밖으로 나와서 한참을 걸어갔다. 마침내 칼루루가 말했다.

"버펄로야, 내가 집에 가서 칼을 가져오는 동안 기다려. 숲의 덩굴들이 자꾸 등에 달라붙어."

토끼는 또다시 조금 뒤로 갔다가, 갈대를 들고 버펄로가 있는 곳으로 갔다. 토끼는 갈대를 불면서 굵은 목소리로 외쳤다.

"아빠! 여기 버펄로가 있어요! 빨리 창을 가져와서 죽이세요!"

버펄로는 사냥꾼이 자기를 따라온 것으로 생각하고 도망쳐 버렸다. 칼루루는 또다시 추장에게 가서 말했다.

"추장님, 저는 돈 농장을 보여주려고 버펄로와 길을 가고 있었습니다. 그런데 숲이 정말 울창하고 어두워서 버펄로가 겁을 먹고 도망쳐버렸습니다."

추장은 더욱더 화가 났다. 그래서 버펄로에게 벌을 주겠다고 위협하고는, 고래고래 소리를 질렀다.

"거북이야, 네가 가서 내 돈이 어떻게 크고 있는지 보아라. 만일 토끼가 나를 속인 것이라면, 마을에서 제일 높은 야자나무에서 교수형에 처하겠다!"

토끼는 그 어느 때보다도 곤혹스러워졌다. 바보같이 거짓말을 하는 것이 아니었다고 생각해 봤자 이미 늦은 일이었다. 거북이는 매우 현명했다. 그들이 출발하기 전에, 거북이는 아내를 불러서 여행에 필요한 모든 것을 담은 가방을 가져오라고 했다. 가방 안에는 베개, 도끼, 칼, 화살통, 그 외에도 유용할 듯싶은 모든 것이 들어있었다. 그들은 마침내 출발했고, 또다시 칼루루가 말했다.

"거북아, 집에 가서 베개를 가져와야겠어."

"괜찮아, 내 것을 쓰면 돼." 거북이가 말했다.

그들은 다시 길을 갔다. 잠시 후 칼루루가 다시 말했다.

"거북아, 도끼를 가지러 갔다 올게."

"걱정할 것 없어. 여기 내 것이 있어." 거북이가 말했다.

그들은 다시 길을 갔고, 칼루루가 다시 말했다.

"거북아, 칼을 가지러 갔다 와야 할 것 같아."

"문제 될 것 없어. 여기 내 것이 있어." 거북이가 말했다.

그들은 다시 길을 갔다. 칼루루가 말했다.

"거북아, 이 숲은 매우 위험해. 집에 가서 화살을 가져와야 해."

"괜찮아, 여기 내 화살이 있어." 거북이가 말했다.

토끼는 절망적으로 곤혹스러웠다. 바보같이 거짓말을 하는 것이 아니었는데, 아니었는데… 그는 자기를 기다리고 있는 끔찍한 죽음을 생각했다. 그는 마치 목에 밧줄이 걸리는 것처럼 느껴졌다. 이 속임수가 들통나면 추장이 뭐라고 말할지 궁금해졌다. 마침내 그는 겁이 버럭 났다. 그는 숲속으로 도망쳤고, 죽을힘을 다해서 집으로 들어가자마자 문을 걸어 잠갔다.

"여보, 빨리!" 토끼가 소리쳤다.

"지체할 시간이 없어요. 당신은 내가 당신 아기인 척해야 해요. 내 털을 다 깎고, 나에게 붉은 진흙을 발라요. 그리고 추장이 찾아오면, 나를 품에 안고서 이 집에는 당신과 아기밖에 없다고 말해요.

아내는 머리부터 발끝까지 칼루루의 모든 털을 밀었다. 털을 미는 것은 정말로 아팠다. 칼루루는 후회하면서 다시는 다른 사람을 속이거나 거짓말을 하지 않겠다고 다짐했다. 마침내 칼루루는 새끼 토끼처럼 털 한 가닥 없는 상태가 됐다. 그의 아내는 붉은 진흙을 가져와 그의 온몸에 발랐다. 진흙을 다 바르자마자, 추장의 병사들이 들이닥쳐 말했다.

"칼루루는 어디 있느냐? 우리는 추장님을 속이고, 숲에서 거북이에게서 도망친 죄로 그를 교수형에 처하기 위해 잡으러 왔다."

"이 아기와 제가 이 집에 있는 유일한 토끼입니다." 칼루루의 아내가 말했다.

"그러면 이 아기를 인질로 데려가겠다."

병사들은 그렇게 말하고 칼루루를 바구니에 집어넣어 데려갔다. 그날 밤 칼루루의 아내는 칼루루가 들어있는 바구니가 있는 곳으로 갔다.

"내가 내일 당신을 꺼낼 때, 뻣뻣하게 죽은 시늉을 하세요." 아내가 속삭였다.

다음 날 아침, 칼루루의 아내는 추장에게 찾아가서 아기에게 젖을 먹일 수 있도록 허락해 달라고 간청했다. 그녀는 바구니가 있는 곳으로 인도되었고, 바구니를 열자 칼루루가 죽은 척하면서 누워있었다. 칼루루의 아내는 울면서 비명을 지르면서, 추장에게 달려갔다. 그리고는 추장에게 아기의 죽음에 책임이 있다고 주장했다.

큰 법률 소송이 벌어졌고, 모든 동물은 추장이 배상해야 한다는 데 의견의 일치를 보았다. 추장은 칼루루의 아내에게 자신이 가지고 있는 가장 큰 돈주머니를 주면서, 아기를 데리고 가서 묻어주라고 했다.

칼루루의 아내가 집에 와서 바구니를 풀자마자 칼루루가 뛰어나왔다.

"아, 정말 힘들었어." 신음소리를 내면서 칼루루가 말했다.

"팔다리가 쑤시고 발가락이 바구니 안에서 꺾였지만, 뻣뻣하게 굳은 척하고 있어야 했어. 앞으로는 절대로 누구를 속이거나 거짓말을 하지 않을 거야."

그의 아내는 그에게 돈 자루를 보여 주었다. 칼루루는 털이 다시 자랄 때까지 기다렸다가 돈을 가지고 추장의 마을로 갔다.

"추장님, 저는 당신의 돈을 추수하는 길고 긴 여행에서 이제 막 돌아왔습니다. 여기 추장님의 돈이 있습니다. 거북이가 너무 느려서 저는 그를 기다리고 있을 수가 없었습니다."

추장은 돈을 받고, 멋진 수확에 대해서 칼루루에게 감사의 말을 전하고, 그의 죽은 아기에 관해 이야기하면서 미안해했다. 토끼는 곤경에서 간신히 빠져나오게 되었기 때문에 기쁜 마음으로 집으로 돌아왔다. 그러면서 다시는 거짓말을 하지 않겠다고 맹세했다.

코끼리의 저녁을 훔친 토끼
··· 중앙아프리카공화국 민담

어느 날, 토끼 '칼루루'는 원숭이 '소코'의 아이들이 나무에서 놀고 있는 것을 지켜보고 있었다. 그는 원숭이 한 마리가 꼬리를 뻗어 자기 동생의 목에 감고 동생을 공중에 매달고 놀고 있는 것을 보았다. 칼루루는 그것이 무척 근사하다고 생각했다. 그러면서 비록 자기는 긴 꼬리는 없지만, 숲에 있는 덩굴을 꼬아서 올가미를 만들면 되겠다고 생각했다. 그 후 며칠 동안 많은 동물이 올가미에 걸렸다. 동물들은 숲속에서 올가미에 단단히 붙잡혀 있다가 어렵사리 탈출하곤 했다. 동물들은 단순한 사고라고 생각했지만, 사실은 칼루루가 자기가 만든 올가미를 시험해 본 것이었다.

그때, 동물의 왕인 코끼리 '폴로'는 새로운 마을을 짓기로 결정했다. 폴로는 숲에 있는 모든 동물을 불러서 새로운 마을을 세우는 것을 돕도록 했다. 칼루루만 빼고 모든 동물이 마을 건설 현장으로 왔다. 칼루루는 마지못해 건설 현장으로 가다가 폴로의 집 근처를 지나게 되었다. 칼루루는 폴로의 부인이 남편의 저녁거리로 요리하고 있던 맛있는 콩 냄새를 맡았다. 콩이 다 익자, 칼루루는 수풀에서 나와 그것을 다 먹어버렸다.

폴로는 집에 도착해서 자신의 콩이 도둑맞았다는 사실을 알고는 불같이 화가 났다.

누가 그의 저녁을 훔쳐갔단 말인가?

다음날, 폴로는 사자에게 근처에서 숨어서 기다리고 있다가 도둑놈이 나타나면 덮쳐서 잡으라고 말했다. 그러나 칼루루는 숲속에 숨어서 이 계획을 다 엿들었다. 그래서 그는 그날 밤을 새워서 커다란 올가미를 꼬았다. 그리고 그것을 요리 솥 근처의 통로에 설치했다.

다음 날 아침, 동물들이 새로운 마을 건설 현장에 일하러 갔을 때, 칼루루는 어슬렁거리며 밖으로 나와서 폴로의 콩을 먹었다. 콩을 먹으면서도 한쪽 눈으로는 사자가 숨어있는 곳을 계속 주시했다. 식사를 마치자 칼루루는 도망쳤다. 예상했던 대로 사자 '은탐보'가 튀어나와 그를 쫓아왔다. 칼루루는 미리 설치해 놓았던 올가미를 통과했다. 덩치가 작았기 때문에 칼루루는 올가미를 건드리지 않고 지나갈 수 있었다. 그러나 토끼의 뒤를 쫓던 덩치 큰 사자 은탐보는 올가미에 걸려서 공중에 매달리게 되었다. 은탐보는 저녁이 될 때까지 올가미에 묶인 채 몸부림을 쳤다. 동물들이 마을로 돌아와서 올가미에 묶여있는 사자를 보았고, 다 같이 그를 풀어주었다. 동물들은 누가 사자를 제압해서 올가미에 묶어 놓았는지 궁금해했다. 은탐보는 자신이 작은 토끼에게 당했다는 사실을 말하기가 너무도 창피해서, 그냥 어떤 동물이 자기를 올가미에 묶이게 했는데, 그게 누구인지는 알 수 없다고 했다.

다음날, 버펄로 '음보'가 왕의 콩을 지키기 위해서 숨었다. 그러나 칼루루는 두 그루의 야자나무 사이에 커다란 올가미를 설치해 놓았다. 칼루루가 왕의 콩으로 식사를 마치고 유유자적 사라질 때, 버펄로가 그에게 달려들었다. 토끼는 야자나무 사이로 도망쳤고, 버펄로는 그를 쫓다가 올가미에 걸려서 공중에 대롱대롱

매달리게 되었다. 그도 역시 저녁이 될 때까지 몸부림치다가 저녁에 다른 동물들이 돌아와서 풀어주었다. 버펄로 음보는 어떻게 자기가 허를 찔렸는지 말하기가 너무 창피해서, 단지 우리 중에 못된 짓을 하는 동물이 있음이 분명하다고 말했다.

표범, 스라소니, 멧돼지, 사냥개 모두 같은 방식으로 당했고, 칼루루는 여전히 폴로의 콩을 훔쳤다. 마침내 가장 현명한 거북이 '은쿠부'가 개인적으로 코끼리 폴로왕에게 찾아가서 말했다.

"당신의 부인이 나에게 소금을 발라서 내일 저녁거리 콩 속에 넣어주면, 내가 도둑을 잡겠습니다."

다음날, 은쿠부는 몰래 소금을 바르고 콩 속에 숨었다. 못된 토끼는 또다시 일하지 않고 저녁을 해결하기로 마음먹었다. 그래서 올가미를 설치해 놓고 동물들이 다 일하러 나갔을 때 콩 솥에 어슬렁거리고 가서 먹기 시작했다. 콩은 그 어느 때보다 더 맛있었다. 소금으로 간이 잘 되어 있었기 때문이다. 그러나 칼루루가 먹기를 다 마치기 전에, 은쿠부가 그의 다리를 꽉 물었다. 토끼는 비명을 질렀다. 그는 애원도 해보고, 위협도 해보고, 뇌물을 준다고도 해보았지만 아무 소용이 없었다. 은쿠부는 아무 말도 하지 않고 칼루루의 다리를 물고만 있었다. 동물들이 새로운 마을 건설 현장에서 돌아올 때까지 칼루루는 꼼짝 못 하고 잡혀있었다. 동물들은 누가 도둑이었는지 단번에 알아보았다. 그들은 칼루루가 자신들에게 했던 방식 그대로 그를 벌하기로 했다. 일주일 동안 칼루루는 저녁으로 아무것도 먹지 못했다. 동물들은 자신들이 일하러 나갈 때는 칼루루를 올가미로 묶어서 나무에 매달아 놓았다. 이 벌이 다 끝났을 때 토끼는 너무도 야위었다. 동물들은 그가 불쌍한 생각이 들어서 그를 풀어주었다. 도둑질하는 것 보다는 일하는 것이 낫고, 도둑은 잠깐은 도망칠 수 있을지 모르지만 결국에는 반드시 잡히게 되어있다는 충고도 잊지 않았다.

농부와 원숭이들

… 중앙아프리카공화국, 카메룬 민담

'돔비아'는 뛰어난 농부였다. 매년 그는 땅콩, 옥수수, 참마, 고구마 등 여러 가지 종류의 작물을 심었다. 그러나 매일 한 떼의 원숭이들이 그의 밭으로 와서 그의 작물에 큰 피해를 입혔다. 그 결과 수확 철이 되어도, 그는 한두 광주리의 작물들밖에 수확할 수 없었다.

원숭이들에 의한 피해를 막기 위해서 매일 아침 돔비아는 아이들을 밭으로 보냈다.

"가서 밭을 지켜라."

돔비아의 아이들은 온종일 밭을 지켰지만, 저녁이 되면 집으로 돌아왔다. 그러자 이 악마 같은 짐승들은 밤에 와서 작물들을 먹어치웠다. 돔비아는 어떻게 하면 원숭이들을 없앨 수 있을까를 곰곰이 생각하다 마침내 방도를 찾아냈다. 그는 아내와 아이들을 불러 말했다.

"절굿공이와 관을 가져와라. 내가 옥수수밭에 가서 누워 있다가, 원숭이들을 죽이겠다."

그는 관에 들어가서, 관을 옥수수밭에 가져다 놓으라고 했다. 원숭이 떼가 옥수수밭에 왔다가 돔비아가 관에 누워있는 것을 보고 기뻐하면서 소리 질렀다.

"이리 와 봐, 우리가 밭에서 먹을 때마다 방해하던 못된 인간이 죽었어. 그를 강에다 던져버리자."

원숭이 중에서 작은 원숭이가 그 말을 듣고 말했다.

"엄마, 아빠, 형, 누나, 우리 조상님들 때부터 절굿공이를 손에 쥐고 죽은 사람은 없었어요."

모든 원숭이가 그에게 말했다.

"저리 가, 멍청아. 너는 겁이 나는구나."

원숭이들은 모두 돔비아의 관을 들어서 큰 강으로 가져갔다. 그들은 관을 강 복판까지 가져가기 위해서 모두 관과 함께 강 복판으로 헤엄쳐갔다. 돔비아는 강 한복판에 도착한 것을 보고, 관에서 벌떡 일어났다. 원숭이들은 깜짝 놀라서 도망가려 했으나, 강물 속이라 꼼짝할 수가 없었다. 돔비아는 절굿공이로 관을 나르던 원숭이들을 모두 죽여 버렸다. 돔비아는 기분이 좋아서 집으로 돌아왔다. 이제 그의 밭은 더는 약탈을 당하지 않게 되었기 때문이다.

도둑이 된 은디키린디

··· 중앙아프리카공화국, 카메룬 전설

'은디키린디'는 뛰어난 코끼리 사냥꾼이었다. 그는 한 번도 코끼리 사냥에 실패하는 법이 없었다. 그러나 시간이 감에 따라, 그 지역의 모든 코끼리가 사라졌다. 코끼리 사냥 외에 다른 방도를 알지 못하던 은디키린디는 식구들을 먹여 살릴 일이 막막해졌다. 어느 날, 사냥꾼 은디키린디는 농부들의 마을을 지나게 되었다. 그는 마을 근처에서 동굴을 발견하고 그 안으로 들어갔는데, 그곳에는 카사바 가루, 코코아 잎, 그리고 다른 먹을 것들이 잔뜩 쌓여있었다. 그 동굴은 마을의 농부들이 수확물을 보관하는 곳이었다. 은디키린디는 자루를 가득 채워서 집으로 돌아왔다. 돌아오는 길에 노래가 절로 나왔다.

"내가 코끼리를 잡을 수 있다면,
나는 카사바 바구니도 나를 수 있지…"

그는 집에 도착해서 음식을 아내에게 주었다. 다음날 농부들의 아내들이 밭에서 돌아와서 동굴에 들어왔다가 카사바 가루가 줄어들었다는 것을 알아차렸다. 그녀들은 즉시 이 사실을 남편들에게 알렸지만, 남편들은 여자들이 잘못 안 것으로 생각했다.
그 후로 매일 아침 농부들과 그들의 아내들, 아이들까지 밭으로 일하러 나가면, 은디키린디는 동굴로 들어가 자루를 가득 채웠다.

그는 기분이 아주 좋아서 노래를 부르며 집으로 돌아오곤 했다. 농부의 아내들은 밭에서 돌아올 때마다, 누군가가 카사바 가루를 훔쳐간다는 것을 확인했다. 결국, 여자들이 말이 사실임을 확인한 농부들은 도둑을 잡기 위해 동굴 입구를 지키기로 했다.

어느 날, 마을의 남자와 여자들은 밭으로 일하러 가는 척했다. 그들은 밭으로 가지 않고 동굴 근처의 수풀 속에 숨었다. 그날 은디키린디는 아내와 아이들을 동굴로 데리고 가서, 카사바 가루를 모두 가져오기로 했다. 그들이 동굴에 들어가자, 농부들은 숨어 있던 곳에서 나와서 동굴을 막아버렸다. 그리고 동굴 입구에 나뭇가지들을 모아다가 불을 질렀다. 연기가 동굴 안으로 들어갔다. 은디키린디와 그의 가족은 동굴 안에서 연기에 숨이 막혔다.

은디키린디의 막내가 노래하기 시작했다.

"우리는 도둑이 아니야.
이건 우리 아빠 은디키린디가 잘못한 거야.
이제 우리는 다 도둑이 됐어."

그리고 아이는 숨이 막혀 죽었다.

밑에서 두 번째 아이가 똑같은 노래를 불렀다.
그리고 아이는 숨이 막혀 죽었다.
열 명의 아이들이 다 숨이 막혀 죽었다.
은디키린디의 아내도 노래를 부르고 숨 막혀 죽었다.

은디키린디는 노래를 부르기 시작했다.

"우리 가족은 도둑이 아니야.
내 잘못이야. 내가 도둑이야.
이제 우리 가족은 다 도둑이 됐어."

은디키린디도 숨 막혀 죽었다.
동굴에서 더 이상 소리가 들려오지 않자, 농부들은 불을 껐다.
그들은 동굴을 열고 은디키린디 가족의 잔해를 꺼냈다.

베조마와 저승사자 피오

··· 중앙아프리카공화국, 카메룬 전설

'베조마'는 그의 아내와 열 명의 아이들과 함께 물가에서 살고 있었다. 피오는 산꼭대기에서 살고 있었다. 피오는 저승사자였다.

어느 날 저녁, 베조마는 아내 '은고볼로'에게 말했다.

"아이들이 크면 이곳을 떠납시다. 나는 피오가 싫어."

은고볼로가 대답했다.

"네, 그렇게 해요."

다음 날 아침, 은고볼로는 카사바밭으로 갔다. 그녀는 카사바를 몇 개 뽑아 물에 넣고, 그 위에 부적을 올려놓았다.[9] 베조마는 그 사실에 대해서 몰랐다.

사흘 후, 은고볼로는 카사바를 물에서 꺼내 씻고, 새 카사바를 물에 담가 놓았다. 그녀는 부적을 없애지 않고 새 카사바 위에 올려놓았다. 그녀는 씻은 카사바를 집으로 가져왔고, 아이들은 매우 좋아했다. 그녀는 카사바를 몇 개 구워서, 아이들에게 주었다. 사흘 후, 아이들이 아프기 시작했다.

5일째 되던 날, 한 아이가 죽었다.

은고볼로가 물에 카사바를 넣고, 그 위에 부적을 올려놓을 때마다, 아이 중 하나가 죽었다. 아이가 한 명 밖에 남지 않자, 베조마가 그의 아내에게 말했다.

---

9) 물에 담근 카사바 위에 부적을 올려놓는 것은, 누군가에게 해를 끼치기 위한 주술 행위이다. - 옮긴 이

"저승사자 피오가 마지막 아이까지 데려간다면, 나는 피오 그 놈을 죽여 버릴 거야."

다음 날 아침, 베조마가 밭에서 일하는데 은고볼로가 왔다. 베조마가 그의 아내에게 물었다.

"무슨 일이요?"

그녀는 눈물을 흘리며 대답했다.

"당신의 아들이 죽었어요."

베조마는 이 비보를 듣고 마을로 달려갔다. 그는 몽둥이와 칼을 들고 피오를 죽이러 갔다.

베조마가 피오의 집에 도착했을 때, 피오는 자신의 헛간 아래 근엄하게 앉아있었다. 베조마는 몽둥이를 휘둘러 그를 때려죽이려 했다. 그러나 그렇게 되지 않았다. 그는 칼을 꺼내서 피오를 찌르려 했다. 이번에도 실패했다.

피오가 말했다.

"오! 친구여, 진정하게. 이리 와서 앉아서 내 말을 들어보게."

베조마는 흥분을 억지로 가라앉히면서, 피오 옆에 앉았다. 피오가 말했다.

"당신 아이들을 죽인 것은 내가 아니라네. 그것은 당신 아내야. 죽음의 부적을 물에 담근 카사바에 올려놓아서 당신 아이들을 죽게 한 거야. 나는 당신이 나를 '죽음 피오'라고 부르는 것을 알고 있다네. 그리고 누군가가 내 집에 찾아온다면, 나는 그를 거부하지 않을 걸세. 만일 내가 거짓말을 하는 것으로 생각하면, 여기에서 밤까지 기다려보게. 당신은 죽은 아이들의 목소리를 들을 수 있을 걸세."

그래서 베조마는 앉아서 밤이 되기를 기다렸다. 밤이 되자, 베조마는 울부짖는 아이들의 목소리를 들었다.

"누가 너희들을 죽였니?" 아버지가 물었다.

"엄마가 카사바 위에 부적을 올려놓았어요. 그것이 우리를 죽였어요."

피오가 베조마에게 말했다.

"잘 들었나?"

베조마는 아무 말도 하지 않았다. 그는 일어나서 슬픔에 가득 찬 채 집으로 돌아갔다.

웃는 자 마미와 화내는 자 은감비
··· 중앙아프리카공화국, 카메룬 민담

어느 날, 항상 화를 내는 '은감비'가 자기 아들을 데리고 강으로 갔다. 악어 '은간도'가 은감비의 아들을 잡아서 강 속으로 끌고 갔다. 은감비는 화를 내면서 큰 소리로 떠들었지만, 아들을 구할 수 없었다.

항상 웃는 '마미'가 와서 은감비에게 말했다.

"내가 네 아들을 구해줄게."

마미는 붉은 그물을 집어서 강으로 던졌다. 그리고 그는 웃기 시작했다.

은간도는 마미가 배꼽이 빠지게 웃는 소리를 듣고서, 물 밖으로 나와 그에게 물었다.

"어째서 너는 그렇게 웃고 있니?"

"만일 네가 내 그물 안으로 들어가면, 네 피부색이 변해서 내 그물처럼 붉은색이 될 거야."

호기심이 생긴 은간도는 그물 안으로 들어갔다. 계속 웃으면서 마미는 그물을 잡아당겼고, 은간도는 자신이 잡혔다는 것을 알았다. 은간도는 자신이 풀려나기 위해 가족들에게 은감비의 아들을 풀어주라고 말했다.

선은 항상 악을 이기는 법이다.

질투심 많은 은가세라와 현명한 조마리
… 중앙아프리카공화국, 카메룬 전설

질투심 많은 '은가세라'와 현명한 '조마리'는 형제였다. 어느 날 조마리는 아름다운 아가씨들이 많기로 유명한 마을 '나솔레'로 가기로 했다. 그는 그곳에서 가장 아름다운 여자와 결혼하고 싶었다. 그는 온종일을 걸어갔다. 밤이 될 무렵, 조마리는 나솔레에 도착하였고, 그곳에서 환대를 받았다. 저녁이 되자, 마을 사람들은 그에게 작은 오두막을 하나 보여 주었는데, 그곳은 그들이 사냥해 온 고기를 보관하는 곳이었다. 조마리는 온종일 아무것도 먹지 못했다. 그 마을은 해가 진 이후에 마을을 찾아오는 방문자에게는 먹을 것을 제공하지 않기 때문이었다. 조마리는 너무 배가 고파서 집 안에 있는 고기를 한 덩이 잘라먹고 싶은 마음이 굴뚝같았다. 그러나 그는 유혹을 꾹 참고 잠을 잤다. 한밤중에 어떤 목소리가 그에게 속삭였다.

"배가 고프면 먹어라. 이곳은 이방인을 위한 집이다."

그러나 조마리는 유혹을 참아냈고, 계속 잠을 자기로 했다.

다음 날 아침, 조마리는 일어나서 마을 사람들에게 말했다 :

"나는 집으로 돌아가겠습니다."

한 늙은 여자가 조마리 앞으로 나왔다. 노파는 조마리에게 알을 하나 주면서 말했다.

"너희 마을의 입구에 도착하면, 거센 바람이 불 것이다. 그때는 알을 던지면 안 된다. 그리고 나면 부드러운 산들바람이 불 것이다. 산들바람이 부는 것을 느끼게 되면, 알을 던져라."

조마리는 감사의 인사를 하고, 알을 받아서 집으로 돌아왔다. 그가 마을 입구에 도착하자마자, 거센 바람이 휘몰아쳤다. 그러나 조마리는 계속 걸어갔다. 한 시간쯤 지나자 산들바람이 불기 시작했다. 조마리는 땅에 알을 던졌다. 그 즉시 알에서 아름다운 젊은 여자가 나타나 조마리에게 다가왔다. 조마리는 여자를 데리고 집으로 돌아왔고, 그녀와 결혼했다.

은가세라가 자기 동생이 아름다운 여인을 데려온 것을 보고 부모에게 말했다.

"나도 나솔레로 가서 예쁜 여자와 결혼하고 싶어요."

조마리가 은가세라에게 말했다.

"형, 잠시만 기다려. 몇 가지 조언을 해줄게."

"난 네 조언 따윈 필요 없어. 너도 조언 같은 건 못 들었었잖아. 내일 아침 나는 나솔레로 갈 거야." 은가세라가 대답했다.

다음 날, 첫닭이 울 때 은가세라는 일어났다. 그는 자기의 창을 들고 나솔레로 떠났다. 하루 종일 걸어서 저녁이 될 무렵에 그는 마을에 도착했다. 한 노파가 그를 맞이했다.

"이 마을에는 아무도 없나요?" 은가세라가 물었다.

"이곳에서는 해가 질 무렵에 다들 잠을 잔단다."

"왜죠?"

"첫닭이 울면 일어나서 밭에 나가고, 사냥을 가고, 낚시를 가야 하니까."

"내가 나솔레 마을에 온 것이 맞나요?"

"그렇단다. 오늘 밤에 너는 여행자의 집에서 자게 될 거야."
"뭐라고요? 이 마을에는 여자라고는 보이지 않는군요."
"네가 여자와 결혼하고 싶으면, 첫닭이 울 때 일어나야 할 거야."
 은가세라는 여행자의 집으로 들어갔다. 그는 배가 고팠다. 그는 칼을 꺼내서 고기를 한 점 잘라내서 먹었다. 그의 옆에는 커다란 카바사 덩이와 소스가 담긴 냄비가 있었다. 그는 접시를 가져와서 게걸스럽게 먹었다. 그는 집 안에 있던 음바코 술도 병째로 다 마셔버렸다. 그리고 잠을 잤다. 은가세라는 첫닭이 우는 소리를 듣지 못했다. 마을 사람들은 모두 농장으로, 사냥하러, 고기 잡으러 갔다. 해가 중천에 떠서야 은가세라는 일어났다. 그가 오두막 문을 열고 나오자, 노파가 문 앞에서 기다리고 있었다.
 "여기는 아무도 살지 않는 마을이군요." 은가세라가 노파에게 말했다.
 "너는 제 시간에 맞춰 일어났어야지. 이 마을에서는 사람들이 해 뜨자마자 일을 시작하거든."
 "나는 집으로 돌아가겠어요."
 "우리와 같이 며칠 더 보낼 생각은 없니?"
 "아니요, 지금 돌아가고 싶어요."
 노파는 은가세라에게 알을 하나 주면서 말했다.
 "이 알을 가져가거라. 너희 마을 입구에 도착하면 바람이 거세게 불거다. 그때 알을 땅에 던져라."
 "이 마을에서 여자를 구경도 못 했어요."
 "네 마을에 들어가면서 네 아내를 찾을 수 있을 거다."

은가세라는 알을 받아들고 집으로 왔다. 마을 입구에 도착했을 때, 산들바람이 불기 시작했다. 은가세라는 멈춰섰다. 잠시 후, 세찬 바람이 몰아쳐 왔다. 은가세라는 땅바닥에 알을 던졌다. 그 즉시 흉터로 덮인 젊은 여자가 다리를 절면서 그에게 왔다.

"당신은 누구요?"

"여보, 당신은 아내를 선택하러 나솔레에 갔죠? 내가 당신의 아내예요."

"아니! 저리 가! 너는 못생겼어."

"당신이 저를 선택한 거예요. 어쩔 수 없어요."

얼이 빠진 은가세라는 그 여자를 데려와서 결혼할 수밖에 없었다.

조마리가 형에게 말했다.

"형이 잠시만 내 조언을 들었었더라면, 아름다운 여자와 결혼할 수 있었을 거야."

아·프·리·카·의·신·화·와·전·설

제 4 장
카메룬 신화와 전설

물의 정령 마미 와타

… 카메룬, 콩고 신화

'마미 와타'는 물의 정령이다. 때로는 반은 여자이고 반은 물고기인 인어로 묘사되기도 한다. 마미 와타 이야기는 서부 아프리카와 중부 아프리카 해안지역에서 주로 전해진다. 마미 와타는 나이지리아의 이보족(Igbo), 베냉의 에웨족(Ewé), 카메룬과 콩고의 바밀레케족(Bamiléké) 같은 다양한 부족에서, 문화적 차이에도 불구하고, 공통으로 떠받들어지는 신성한 정령이며, 각 부족 간의 문화의 유사점을 만들어 낸다.

마미 와타는 긴 검은 머리카락과 깨끗한 피부, 그리고 매력적인 눈을 가지고 있는 독보적으로 아름다운 여인으로 묘사된다. 이 정령은 아프리카 대륙 전체에 걸쳐서 퍼져있는 훨씬 오래된 다른 물의 정령 이야기와 연결되어 있다. 서부 아프리카와 중부 아프리카에는 물과 관련된 신성한 존재들에 관한 이야기가 많다. 이보족의 문화에서는 이 물의 정령이 은디 음밀리(Ndi Mmili)라는 이름으로 등장하고, 콩고 문명에서는 음붐바(Mbumba)라는 이름을 가지고 있다.

마미 와타의 색은 붉은색과 흰색이다. 그녀에 의해 헛된 희망 품거나 유혹을 당해 강박관념이나 마음의 열병을 앓는 사람들은 붉은색을 띠게 된다. 그러나 물의 정령에 의해 축복을 받은 사람들은 백색을 띠게 된다. 마미 와타는 또한 흑인 디아스포라 문화에서도 등장한다. 브라질의 칸돔블레(Candomblé) 의식에서는 예만자(Yemanja)라는 이름으로, 쿠바의 산테리아(Santeria) 의식에서는 예모야(Yemoya)라는 이름으로 등장한다.

창조의 신, 쿤붐

··· 카메룬, 콩고, 콩고민주공화국, 중앙아프리카공화국 신화

'쿤붐'은 피그미족 신화에 등장하는 최고신이자 창조주, 가장 중요한 신 중 하나이다. 그는 또 '위대한 사냥꾼'이자 사냥의 신이다. 그는 두 마리의 뱀으로 만든 활을 가지고 다니는데, 그 활은 인간에게 무지개로 나타난다. 쿤붐은 '고르'(천둥)라 불리는 코끼리 또는 카멜레온을 매개로 인간과 접촉한다.

그가 세계를 창조한 후, 쿤붐은 최초의 인간인 피그미족을 하늘에서 지구로 내려보냈다. 몇몇 전설에 따르면, 그는 흑색과 백색 점토로 흑인과 백인을 만들었으며, 붉은 점토로 피그미족을 만들었다. 쿤붐은 또 인간이 살아갈 수 있도록, 동물들과 숲의 무성한 초목을 제공했다. 밤 동안에 쿤붐은 태양에게 새 힘을 주어 다음 날 다시 떠오를 수 있게 해준다. 그러기 위해서 그는 밤새 별들의 조각을 모아 태양에 주어 새로운 에너지를 만들도록 한다.

아내를 얻은 거북이

··· 카메룬/야운데 지역 전설

어느 날 거북이가 '메벤가' 나라로 길을 떠났다. 그곳에서 그는 '자메오'의 딸에게 청혼할 생각이었다. 그러나 며칠이 걸린 여행 끝에 메벤가에 도착했지만, 거북이는 자메오가 죽었다는 사실을 알았다. 그래서 거북이는 자메오의 형제들과 아들들이 있는 '남성의 집'을 찾아갔다. 그들은 거북이의 청혼에 다음과 같이 대답했다.

"만일 네가 자메오 본인의 동의를 얻어 온다면, 우리 조카와 결혼할 수 있을 것이다."

죽은 자의 동의를 얻어온다는 것은 당연히 불가능한 일이었다. 모든 이들이 그 사실을 잘 알고 있었다. 자신의 조카나 여동생이 이방인과 결혼한다는 것에 호의를 가진 사람은 거의 없었다. 그러나 거북이는 그 조건을 받아들였고, 사흘간의 말미를 달라고 했다. 거북이는 자신의 전속 점쟁이인 '은조졸리'를 찾아갔다. 점쟁이는 거북이에게 말했다.

"거북이님, 당신이 길을 갈 때, 누군가가 당신에게 올 것입니다. 그가 누가 되었든지 간에 그에게 먹을 것을 주십시오."

거북이는 길을 떠났고, 곧 숲에 도착했다. 그곳에서 거북이는 생쥐를 만났다.

"생쥐야, 이 숲에서 혼자 무엇을 하고 있니?"

"거북이님, 어떻게 그런 질문을 할 수 있죠? 어제부터 나는 아무것도 먹지 못했어요."

거북이는 생쥐를 들어서, 길을 떠나기 전에 빵을 잔뜩 넣어 놓은 자신의 배낭에 올려 주었다.

"자, 편하게 자리 잡고, 안에 있는 것을 먹고 싶은 대로 먹어."

그리고 거북이는 배낭을 메고 다시 길을 떠났다. 생쥐는 배낭 안에서 열심히 빵을 갉아 먹었다. 곧이어 거북이는 나뭇가지 위에 있는 제비를 발견했다. 거북이는 제비에게 거기에서 무엇을 하고 있느냐고 물었다.

"거북이님, 나는 온종일 아무것도 먹지 못했어요."

"이리 와서 내 배낭에 앉아. 그리고 먹고 싶은 대로 먹어."

제비도 배낭 안으로 들어가, 생쥐와 같이 빵을 먹었다.

오랜 여행 끝에, 거북이는 메벤가 나라로 다시 돌아왔다. 자메오 집안의 사람들은 거북이를 자신들의 옛 추장 자메오의 무덤으로 데려갔다.

"자, 이제 자메오가 우리들에게 말을 하게 해라." 그들이 거북이에게 말했다.

그러나 그곳에 도착하기 전, 거북이는 몰래 생쥐를 배낭에서 꺼내주면서 무엇을 해야 하는지를 자세히 알려주었다. 생쥐는 키 큰 풀들 사이로 보이지 않게 미리 달려와서, 자기 같은 생쥐들이 추장의 무덤 아래 파놓은 구멍 속에 숨어있었다.

"자메오 추장님, 제가 당신의 딸과 결혼하는 것을 승낙해 주시겠습니까?" 거북이가 큰 소리로 말했다.

"나는 승낙한다." 부드러운 목소리가 무덤 속에서 울려 나왔다.

모든 사람이 깜짝 놀랐지만, 겉으로는 놀라지 않은 척했다.

"너에게는 아직 한 가지 임무가 남아있다." 그들이 거북이에게 말했다.

"흙을 한 줌 쥐어서 공중으로 던져라. 그것이 다시 땅으로 떨어지면, 너는 자메오의 딸과 결혼할 수 없다."

당연히 이번에도 불가능한 일이었다. 그러나 거북이는 이에 대비를 해두었다. 거북이는 몰래 제비를 배낭에서 꺼냈다. 그리고 흙을 한 줌 쥐는 척 땅에 몸을 웅크리면서, 제비에게 속삭였다.

"높이 날아올라 가서, 이곳으로 다시 내려오지 마."

그렇게 말하고 거북이는 제비를 공중으로 던졌다. 제비는 높이 날아올라서 순식간에 눈에 보이지 않게 되었다. 그러자 자메오 집안의 사람들은 거북이를 인정할 수밖에 없었고, 거북이는 자메오의 딸을 데려갈 수 있도록 허락을 받았다.

다음날, 거북이는 자메오의 딸을 데리고 자기 마을로 돌아갔다. 그러나 불행하게도 마을로 돌아오는 길에 그들은 표범을 만났다. 표범은 거북이의 약혼녀를 빼앗아서, 자기 집으로 데려가 버렸다. 거북이는 포기하지 않고 그곳까지 쫓아갔다. 거북이는 빠르게 그 지역을 살펴보고는, 표범의 집에서 숲으로 이어지는 오솔길에 함정을 파고 기다렸다. 잠시 후에 표범이 자기 집에서 나왔다. 표범은 조심스럽게 문을 잠그고 오솔길을 따라 걸어갔다. 그러나 표범은 바로 함정으로 떨어졌다. 거북이가 표범이 화장실로 가는 길에 함정을 설치해 놓았기 때문이다. 거북이는 약혼녀를 되찾아서 무사히 자기 마을로 되돌아왔다.

- 교훈 : 언제나 역경에 맞설 준비를 해라.

잿빛 앵무새와 초록 비둘기
··· 카메룬 전설

앵무새는 연못을 하나 가지고 있었다. 연못에는 물만 있는 것이 아니라, 모든 색깔의 물감들도 같이 있었다. 그 시절에는 모든 새가 다 잿빛이었다. 앵무새는 창조의 신인 '조베'로부터 새들을 그들이 원하는 색으로 칠해주라는 명령을 받았다.

그래서 어느 날 아침, 앵무새는 새들을 칠할 준비가 되었다고 숲 전체에 알렸다. 새들이 모두 차례대로 앵무새를 찾아왔다. 그들은 앵무새에게 예를 갖춰 감사를 표한 후, 각자 자신이 어떤 색을 칠하기 원하는지 앵무새에게 말했다. 새들은 앵무새에게 최대한 정확하게 자신이 원하는 곳을 원하는 색으로 칠해달라고 부탁했다. 예를 들어 깃털은 무슨 색으로, 가슴 털은 무슨 색으로 하는 식으로. 그러면 앵무새는 우쭐대면서 새들의 요구대로 색을 칠해주었다. 투라코 새는 온몸을 붉은색으로 칠해달라고 요청했다.

비둘기도 칠을 하기 위해 앵무새를 찾아왔다. 그러나 비둘기는 앵무새에게 예를 갖추지도 않았고, 다른 새들과 인사를 하지도 않았다. 그는 아무 말도 하지 않고 자기 자리에 앉아 있을 뿐이었다. 앵무새는 비둘기가 자기에게 인사도 하지 않고, 아무 말 없이 자리에 앉아만 있는 것을 보고 괘씸하게 생각했다. 그러나 사실은 비둘기가 너무 소심했기 때문이다. 비둘기는 앵무새가 일하는데 방해가 되지 않기 위해서 감히 인사도 하지 못하고 있었다.

마침내 모든 새가 자신들이 원하는 대로 화려한 깃털을 가지게 되자, 앵무새는 채색 작업이 다 끝났다고 말했다. 자신만 칠을 하지 못한 비둘기가 머뭇거리며 입을 열었다.

"저도 칠을 해주실 수 있나요?"

그러자 앵무새는 비둘기에 대해서 화를 냈다.

"너는 염치도 없구나! 지금은 칠하기에는 너무 늦었어! 왜 좀 더 일찍 나에게 공손하게 부탁하지 않은 거야? 꺼져버려!"

이렇게 비둘기를 몰아세우면서, 앵무새는 채색하는데 사용하는 초록색 풀 뭉치를 집어 들어 비둘기를 마구 두들겨 팼다. 초록색 풀 뭉치에는 붉은색 염료가 한두 방울 묻어 있었다. 이것이 바로 초록 비둘기가 몸 전체가 풀처럼 초록색이고, 부리와 발만 붉은색인 이유이다. 그리고 정작 앵무새 자신은 아직도 잿빛인 상태인데, 왜냐하면 자기 몸을 스스로 칠을 할 수 없었기 때문이다.

거미와 지네

··· 카메룬 민담

거미와 지네는 친구가 되었다. 어느 날 그들이 같이 있을 때, 지네가 말했다.

"친구야, 너는 인간들이 귀머거리라는 것을 알아? 내가 이 많은 발로 걸어가도, 인간들은 내 발소리를 하나도 못 들어."

거미가 지네에게 대답했다.

"정말? 나도 그런데. 내가 너에게 그들이 장님이라는 것을 말했던가? 내가 새 거미줄을 짜놓으면, 인간들은 그것을 못 보고 똑바로 걷다가 내 집을 다 부숴버려."

지네가 말했다.

"맞아! 그런데 더 나쁜 것은, 인간들은 자기 몸을 좋아하지 않는다는 거야. 그들은 고집스럽게 자기 몸을 다른 것으로 가리지. 그래서 아무도 신이 그들에게 준 멋진 몸을 볼 수가 없어."

거미가 말했다.

"정말 그래, 또 다른 것도 있어. 신이 우리에게 주셨는데, 그들은 좋아하지 않는 것이 말이야. 예를 들어서 해가 나거나 비가 오면, 그들은 바보 같은 모자나 우산으로 몸을 가려야만 해!"

결국, 거미와 지네는 인간들은, 신이 그들에게 준 것을 사랑할 줄 모르는 것으로 봐서, 바보임이 틀림없다고 결론 내렸다.

바람과 제비
··· 카메룬/두알라 지역 민담

바람이 있는 힘껏 몰아치면서 우쭐대며 외쳤다.
"나는 제일 힘이 세다! 그 누구보다도 힘이 세다! 휘이잉~"
제비가 바람에게 말했다.
"나는 네가 아무리 강하다고 해도 뚫고 날 수 있어. 내기할까?"
바람은 내기를 받아들였고, 모든 새에게 자기를 뚫고 날 수 있으면 날아보라고 했다.

독수리가 시도해 보았지만, 실패했다.

매도 여러 번 시도했지만, 실패했다.

왜가리도 자기 차례에 시도했다. 그러나 그는 땅에 떨어져서 날개가 부러지고 말았다. 오직 제비만이 폭풍우 속에서 나는 데 성공했다.

바람은 제비의 능력을 인정할 수밖에 없었다.

재주는 덩치와는 상관없는 것이다. 알지 못하면 말하지 말아야 한다.

현명한 판결

··· 카메룬/두알라지역 민담

매와 왜가리는 같이 살았다. 그들은 같이 사냥을 했고, 사냥에서 얻은 고기를 같이 나눠 먹었다. 그러나 어느 날 왜가리가 밖에 나갔을 때, 매는 그날 치의 고기를 다 먹어 치워버렸다. 왜가리가 돌아와서 이 사실을 알게 되자 화가 나서 매에게 격렬하게 달려들어 싸웠다. 거북이가 지나가다 둘이 무섭게 싸우는 소리를 듣고, 둘 사이에 끼어들어 서로 떼어놓으려고 했다.

그러나 거북이가 둘을 떼어 놓으려고 왜가리를 붙잡고 몸싸움을 하는 과정에서, 매는 왜가리의 부리에 한쪽 눈을 다치게 되었다. 왜가리는 화가 나서 거북이가 매의 눈을 잃게 했다고 고소했다. 거북이는 당연히 그것은 왜가리의 잘못이라고 했다.

그들은 누구 책임인지 가리기 위해서 코끼리에게 가서 판결을 요청했다.

"이 일은 내가 나설 일이 아니야."

코끼리가 대답했다.

그래서 그들은 사자를 찾아갔다. 사자는 세 동물의 주장을 자세히 들었다. 매는 한쪽 눈을 잃어서 자세히 볼 수 없었다. 그래서 그의 증언은 명확하지 않았다.

반면에 왜가리는 장황하게 거북이를 비난했다. 그러나 사자는 다음과 같이 판결을 내렸다.

"거북이를 풀어주어야 한다. 어느 쪽에게도 증거가 충분하지 않다. 그러나 더 가능성이 있는 쪽은 왜가리 너다. 너의 거친 행동과 너의 뾰족한 부리로 네가 매에게 상처를 입힌 것이다. 게다가 싸움을 한 쪽은 너다. 거북이는 싸움을 말리려고 한 것밖에 없다."

동물들은 모두 사자가 현명한 판결을 내렸다고 말했다.

왕의 말
··· 카메룬 전설

'마둥구-부추'는 말 사육으로 유명한 마을이었다. 이 마을의 왕은 백마를 한 필 가지고 있었는데, 왕은 이 말을 매우 아껴서 '제레즈'라는 이름까지 붙여주었다.

어느 날, 자신이 이 말에 대해 가지고 있는 사랑을 공공연하게 과시하기 위해서, 왕은 모든 마을 사람이 모인 행사에서 다음과 같이 공표했다.

"마둥구-부추의 백성들이여, 내 말을 들으라! 나는 너희들의 왕이고, 제레즈는 내가 아끼는 말이다. 나는 너희들 모두가 제레즈를 사랑하기를 원한다. 언제고 감히 나에게 제레즈가 죽었다고 말하는 자는 큰 벌을 받을 것이다."

행사는 이렇게 강력한 군주의 선언으로 끝이 났고, 제레즈는 평소처럼 방목장으로 갔다. 그런데 큰 불행이 닥쳤다. 말이 뱀에게 물려서 죽은 것이다. 왕이 말의 죽음을 자신에게 알리는 자는 큰 벌을 내린다고 했기 때문에, 마을 사람들은 전전긍긍할 수밖에 없었다. 누가 이 나쁜 소식을 왕에게 가서 알리는 무거운 책임을 질 것인가에 대해서 아무도 선뜻 나서지 못했다.

결국, 언변에 뛰어난, 왕실 현자 중의 한 명인 '부주'가 왕에게 이 사실을 알리기로 했다. 그는 왕에게 접견을 요청했고, 요청이 받아들여지자 왕에게 말했다.

"폐하, 폐하는 모든 왕 중에서 가장 추앙받고, 존경을 받고 계십니다. 왜냐하면, 폐하는 가장 강력하시고, 가장 현명하시기 때문입니다. 폐하와 폐하의 말에 대한 사랑 덕분에, 우리 마을은 번성하고 있습니다."

왕이 대답했다.

"부주, 나는 네가 찾아올 때마다 기분이 좋다. 너는 항상 나에게 재미있는 일을 말해주기 때문이다."

부주가 대답했다.

"폐하, 제가 아뢰고 싶은 일이 있습니다. 폐하의 말에 관한 것입니다. 오늘 아침, 제가 그 말의 상태가 평소 같지 않은 것을 보았습니다."

"어떤 상태더냐?" 왕이 물었다.

"그 말은 풀밭에서 눈을 크게 뜨고 네 다리를 하늘로 향한 채 누워있었습니다. 말이 평소보다 뚱뚱해 보였고, 거기다가 말의 냄새를 맡고 파리 떼가 꼬여있었습니다."

왕은 잠시 생각을 하고서 말했다.

"부주, 내가 제대로 이해한 것이라면, 나의 사랑하는 말 제레즈가 죽었구나."

"폐하, 저는 결코 제레즈가 죽었다는 말을 한 적이 없습니다. 그렇게 말씀하신 것은 폐하입니다." 부주가 말했다.

왕은 부주가 옳다고 인정했다. 그리고 그에게 벌을 내리는 대신에, 그를 2인자의 자리에 앉혔다.

그날 이후로, 모든 마을 사람들은 '위험을 감수하지 않는 자는 아무것도 얻지 못 한다'는 교훈을 잊지 않았다.

임신에 대한 카메룬의 속설들

··· 카메룬 속설

아프리카에서는 여성이 임신하는 것을 자랑스러워한다. 후손을 번창하게 하는 것은 그들의 가장 큰 덕목 중 하나다. 자연히 임신한 여성에 대한 여러 가지 조언과 충고가 있다. 어떤 것들은 진지하게 받아들일 만한 것들이고, 어떤 것들은 사소한 것들이지만, 아프리카에서 임신과 관련된 문화를 엿볼 수 있게 한다. 다음은 임신한 여자들에 대한 계율이다.

샤워를 게을리하면 안 된다. 그렇지 않으면 정령들이 배 속의 아이를 자기 새끼들로 바꿔치기한다.
임신 중에 당근을 먹으면 아이의 피부가 좋아진다.
다른 사람의 발을 뛰어넘으면 안 된다. 만일 그렇게 하면 아이가 그 사람의 품성을 타고나게 된다.
임신한 여자의 발을 뛰어넘으면 안 된다. 만일 그러면 출산에 어려움을 겪는다.
임신 중에 다른 사람에게 나쁜 말을 하면, 그 내용이 모두 태아에게 간다.
임신 중에 줄을 가지고 다니면 안 된다. 만일 그러면 머리가 큰 아이가 태어난다.
임신 중에 달팽이를 먹으면 안 된다. 만일 그러면 아이가 항상 침을 흘리게 된다.

임신 중에 추잉검을 씹으면 큰 입을 가진 아이가 태어난다.

임신 중에 못생긴 사람을 놀리면 안 된다. 만일 그러면 아이가 그 사람을 닮게 된다.

임신 중에 돼지고기를 먹으면, 아이가 꿀꿀거리며 울게 된다.

임신 중에 목에 스카프를 두르면 안 된다. 만일 그러면 아이가 탯줄을 목에 감는다.

요리할 때 냄비의 뚜껑을 덮은 채로 불에서 내리면 안 된다. 만일 그러면 아이가 바보가 된다.

임신 중에 아이 아빠와 돈 문제나 식량 문제로 다퉈서는 안 된다. 만일 그러면 아이가 조산하거나 뱃속에서 죽는다.

임신 중에 다리를 꼬고 앉으면 안 된다. 만일 그러면 출산 시에 아이가 나오지 못하게 된다.

봉지에 들어있는 물을 마시면 안 된다. 만일 그러면 태아가 탯줄을 몸에 감는다.

임신 중에 찬물을 마시면 안 된다. 만일 그러면 태아가 계속 추위에 떨다가, 태어날 때 계속 팔을 요동친다.

임신 중에 먹고 싶은 것이 있으면, 다 먹어야 한다. 그렇지 않으면 점박이 아이가 태어난다.

임신한 여자의 남편은 아내가 출산할 때 펄쩍펄쩍 뛰어야 한다. 그러면 산기가 올 때 남편이 그것을 느끼게 된다.

오후 7시 이후에는 집 밖으로 나가면 안 된다. 불가피하게 나갈 때는 작은 조약돌을 피부에 붙이고 나가야 한다. 악령들이 아이를 노리기 때문이다.

임신 중에 찬물을 마시거나 얼음을 깨 먹으면 안 된다. 만일 그러면 태아가 너무 뚱뚱해진다.

임신 중에 장애인을 보거나, 혐오스러운 것에 대해 이야기하거나, 아이에게 해가 될 만한 것을 피하고 싶을 때는 '피아!'라고 말하면서 가슴에 침 뱉는 시늉을 해야 한다.

임신 중에 레몬이나 타마린같이 지나치게 신 것을 먹으면, 출산할 때 어려움을 겪게 되고, 아이에게 나쁜 영향을 미치게 된다.

임신을 하면 다른 임산부와 같은 침구에서 자면 안 된다. 만일 그러면 둘 중의 한 아이가 죽는다.

임신 중에는 앉아있을 때 같은 사람이 계속 등 뒤로 지나가게 해서는 안 된다. 만일 그러면 아이가 그의 행동과 외모를 닮게 된다.

임신 중에 사냥한 고기를 먹으면 안 된다. 만일 그러면 아이가 먹은 동물을 닮는다.

아이의 코가 어떤 사람의 코와 닮게 하고 싶으면, 그 사람의 코를 잡아당기면 된다.

임신 중에 파인애플을 먹으면 출혈을 한다.

임신 중에 거울을 보면 안 된다. 만일 그러면 아이 아빠가 아이에게 돈을 쓰려 하지 않게 된다.

산기가 올 때나 분만 후에 울면 안 된다. 첫째 아이를 낳을 때 울게 되면, 그 후의 아이들 낳을 때도 계속 울게 된다.

임신 중에 고추를 많이 먹으면 안 된다. 만일 그러면 아이가 자기 전에 매일 밤 울어댄다.

임신한 여인은 화덕에서 직접 음식을 먹으면 안 된다. 만일 그러면 아이가 반점을 가지고 태어난다.

아·프·리·카·의·신·화·와·전·설

제 5 장
콩고공화국 신화와 전설

흑인과 백인과 생겨난 이유

··· 콩고공화국 전설

태초에 네 명의 남자가 숲을 지나서 길을 가고 있었다. 그들은 두 개의 강이 있는 곳에 도착했다. 한쪽 강은 수정같이 맑은 물이 흐르는 깨끗한 강이었고, 다른 쪽 강은 검은색 물이 흐르고 더럽고 역겨운 냄새가 났다. 네 명의 남자는 어느 강을 건너야 할지 몰랐다.

왜냐하면, 더러운 강을 건너면 그들이 가고자 하는 길을 똑바로 갈 수 있었던 반면에, 깨끗한 강을 건너면 먼 길을 돌아가야 했기 때문이다.

남자들은 잠시 논의를 한 후에, 검은 강을 건너기로 했다. 그리고 그들 중 두 명이 곧바로 강을 건넜다. 그러나 나머지 두 명은 검은 물에 살짝 발을 담그고 물을 맛보더니, 주저하다가 결국 돌아섰다.

강을 거의 다 건너간 두 남자가 그들을 부르면서 건너오라고 했지만 소용없었다. 강을 건너지 못한 두 남자는 그들의 동료를 떠나서, 아름답고 깨끗한 강을 건너기로 했다. 그들은 강을 건너면서, 자신들의 몸이 온통 검은색이 되는 것을 보고 깜짝 놀랐다. 다만 그들이 검은 강의 물과 접촉했었던 발바닥과 손바닥, 그리고 물을 마셨었던 입만이 원래 색대로 남았다. 반면에 검은 강을 건넜던 두 남자는 완전히 흰색으로 변했다.

두 부류가 된 그들은 이제 서로 다른 방향으로 길을 갔다. 한참을 가다가 백인 남자들은 커다란 집을 발견했는데, 그곳에는 백인 여자들이 가득했다. 그들은 그 여자들과 결혼했다. 흑인 남자들도 흑인 여자들이 사는 오두막들을 발견했다. 그들도 그 여자들과 결혼했다. 이것이 바로 흑인과 백인이 생긴 이유이다.

누가 은잠비의 딸과 결혼해야 할까?
… 콩고공화국 신화

지상의 '은잠비'10)에게는 아름다운 딸이 하나 있었다. 은잠비의 딸은 푸른 지붕으로 되어있는 하늘 위에 있는 천국의 '은잠비 은푼구'로부터 하늘의 불을 자신에게 가져다주는 자 외에는 지상의 그 누구하고도 결혼하지 않겠다고 맹세했다. 은잠비의 딸이 너무도 아름다웠기에, 모두가 그 아름다움에 감탄하면서 말했다.

"어떻게 하면 우리가 이 보물을 차지할 수 있을까? 이런 조건이라면, 그 누가 그녀와 결혼할 수 있을까?"

그러자 거미가 말했다.

"내가 할 거야! 너희들이 도와주면 할 수 있어."

그 말을 들은 동물들이 말했다.

"우리에게 보상해 준다면, 우리가 너를 도와주지."

그러자 거미는 푸른 지붕으로 올라갔다. 그리고는 푸른 지붕에 튼튼한 비단 실을 단단히 묶고, 지상으로 늘어뜨렸다. 지상에 내려온 거미는 거북이, 딱따구리, 들쥐, 모래파리(응애)를 불렀다. 거미는 그들에게 실을 타고 지붕으로 올라가라고 말했다. 그들이 지붕에 도착하자, 딱따구리가 지붕에 구멍을 뚫었다. 그들은 모두 '은잠비 은푼구'가 사는 곳으로 들어갔다. 은잠비 은푼구는 허

---

10) 콩고 신화에는 '은잠비 은푼구'와 '은잠비' 두 신이 등장한다. 이 두 신은 완전히 별개의 신이다. 은잠비 은푼구는 우주와 지구, 그리고 지상의 모든 동식물을 만든 창조신이고, '은잠비'는 '은잠비 은푼구'가 지상을 통치하기 위해 내려보낸 여신이다. - 옮긴 이

름한 옷을 입고 있었다. 그는 그들을 정중하게 맞이하면서, 무엇을 원하느냐고 물었다.

"하늘 위에 계시고, 온 세상의 위대한 아버지이신 은잠비 은푼구시여, 우리는 지상을 통치하는 은잠비에게 가져다주기 위해서 당신의 불을 조금 얻으러 왔습니다." 그들이 대답했다.

"그럼, 나의 백성들에게 가서 너희들이 가져온 메시지를 전하는 동안, 여기서 잠시 기다려라." 은잠비 은푼구는 그렇게 말하고는 잠시 자리를 비웠다. 그러나 모래파리가 은잠비 은푼구를 몰래 따라가서, 무슨 이야기를 하는지 엿들었다. 기다리는 동안, 동물들은 저토록 허름한 옷을 입은 신이 어떻게 그렇게 큰 힘을 가지고 있을 수 있는지 의아해했다. 잠시 후, 은잠비 은푼구가 돌아와서 말했다.

"내가 어떻게 너희들이 진짜로 지상의 통치자 명을 받고 온 것이고, 사기꾼이 아니라는 것을 확인할 수 있겠느냐?"

"저희는 사기꾼이 아닙니다. 저희에게 시험을 내려주십시오. 그러면 저희가 당신에게 진실성을 증명해 보일 수 있을 겁니다." 동물들이 말했다.

"좋다." 은잠비 은푼구가 말했다.

"너희들은 지상으로 내려가서 대나무 다발을 가져와라. 내가 그것으로 오두막을 만들겠다."

다른 동물들이 기다리는 동안, 거북이가 지상으로 내려가서 대나무를 가져왔다.

그러자 은잠비 은푼구가 들쥐에게 말했다.

"대나무 다발 밑으로 들어가라. 내가 대나무에 불을 붙이겠다. 만일, 불 속에서 살아나온다면 은잠비가 너희들을 보냈다는 것을 내가 분명히 알 수 있을 것이다."

들쥐는 명령받은 대로 대나무 다발 밑으로 들어갔다. 은잠비 은푼구는 대나무에 불을 붙였다. 대나무가 다 타자, 들쥐는 잿더미 속에서 털끝 하나 다치지 않고 나왔다.

그러자 은잠비 은푼구가 다시 말했다.

"너희들은 너희들의 존재를 잘 증명했다. 내가 다시 우리 백성들에게 가서 상의하고 오마."

은잠비 은푼구는 다시 자기 백성들을 만나러 갔다. 동물들은 다시 모래파리를 보냈다. 그들은 들키지 않도록 특히 주의하면서 그들이 무슨 이야기를 하는지, 그리고 불이 어디에 있는지를 알아오라고 말했다. 모래파리가 돌아와서 자신이 듣고 본 것을 말했다.

잠시 후, 은잠비 은푼구가 돌아와서 말했다.

"좋다. 너희들이 불이 어디에 있는지 말할 수 있다면, 너희가 요청한 불을 주겠다."

그러자 거미가 대답했다.

"오, 은잠비 은푼구시여, 그렇다면 불을 주십시오. 불은 닭장 속에 있는 다섯 개의 상자 중 하나에 있습니다."

"오, 거미야. 정확하게 대답했다. 그럼 이 상자를 가져가서 너희들의 은잠비에게 주어라."

거북이가 상자를 지상으로 운반해 왔다. 그리고 거미는 하늘에서 가져온 불을 은잠비에게 선물했다. 은잠비는 자신의 아름다운 딸을 거미에게 신부로 주겠다고 말했다.

그러자 딱따구리가 투덜대면서 말했다.

"은잠비시여, 저 여인은 제 아내가 되어야 맞습니다. 내가 하늘의 지붕에 구멍을 뚫지 않았다면, 아무도 그 위에 있는 은잠비 은푼구의 나라에 들어갈 수 없었을 겁니다."

"그렇긴 하지, 하지만 나는 불타는 대나무 속에서 목숨을 걸었단 말이야. 내 생각에는 저 여자는 내 것이 되어야 해." 들쥐가 말했다.

"오 은잠비시여, 아닙니다. 저 여자는 분명히 제 것입니다. 내 도움이 없었더라면, 모두 불이 어디에 숨겨져 있었는지 알 수 없었을 겁니다." 모래파리가 말했다.

그러자 은잠비가 말했다.

"아니다, 거미가 나에게 불을 가져오는 일의 총책임을 맡았다. 그리고 그는 나에게 불을 가져다주었다. 내 딸에 대한 권리는 거미에게 있다. 그렇지만 내가 딸에게 거미와 같이 살라고 허락한다면, 다른 동물들이 그녀의 삶을 불행하게 만들 것이기 때문에, 너희들 누구에게도 딸을 줄 수가 없구나. 나는 너희 중 누구에게도 딸을 주지 않겠다. 대신 모두에게 내 딸의 가치에 해당하는 상을 내리겠다."

그리고 은잠비는 그들 모두에게 50벌의 옷과 술 한 통씩을 주었다. 그리고 딸은 평생 미혼으로 자신의 시중을 들게 했다.

두 수호신의 전쟁

… 콩고공화국 신화

해안가에 위치한 '카빈다' 왕국의 왕 '잭'에게는 '리푸마'라는 이름의 수호신이 있었다. 리푸마는 평생 시원한 바닷바람을 불어주었고, 어부들이 깊은 바다에서 잡은 고기를 카누에 가득 싣고 돌아올 때면, 그들과 함께 기뻐했다. 그러나 상황이 변해, 잭 왕은 카빈다의 해안가를 떠나 내륙으로 이주하게 되었다. 잭 왕은 내륙의 도시인 '카이아' 인근에 자리를 잡았다. 그러나 카빈다의 백성들은 원래 어부들이었기 때문에, 내륙의 새로운 삶에 적응하기가 쉽지 않았다. 카빈다의 수호신 리푸마는 카빈다의 백성들에게 예전의 바다의 삶을 돌려주고 싶었다.

그래서 리푸마는 카빈다의 조개와 모래, 그리고 갯벌과 짠물을 가져와서 카이아의 민물 호수를 채울 계획을 세웠다. 그렇게 하면 카빈다의 사람들은 다시 예전처럼 바다에서 고기를 잡으며, 행복해질 수 있을 것이기 때문이었다. 리푸마는 카빈다의 바닷가에서 조개, 모래, 갯벌, 그리고 짠물을 약간씩 담아서 소매에 숨기고 카빈다로 은밀히 떠났다.

그러나 '은군구' 새가 리푸마의 계획을 엿듣게 되었다. 은군구 새는 카이아의 수호신인 '침푸켈라'에게 가서 이 사실을 알렸다. 침푸켈라는 리푸마를 쫓아가서 마침내 그를 붙잡았다. 침푸켈라는 리푸마에게 소매 밑에 감춘 것이 무엇이냐고 따져 물었다.

"저리 꺼져!"

리푸마가 화를 내며 말하면서 침푸켈라를 밀쳐냈다. 침푸켈라는 개미 언덕 위로 나가떨어졌다. 그는 화가 나서 벌떡 일어나 리푸마에게 일격을 가했다. 리푸마는 '민윤두' 나무 둥치 위로 떨어지면서 다리가 부러졌다. 짠물과 갯벌이 땅에 쏟아졌다. 침푸켈라는 리푸마가 바닷가에서 모아온 것들을 모두 빼앗았다. 그래서 카이아의 호수를 바다로 만들려던 리푸마의 계획은 실패로 돌아갔다.

침푸켈라는 이 나라에서 개미 언덕이 다 없어져야 한다고 욕을 했다. 그것이 지금까지 이 지역에서 개미 언덕을 찾아볼 수 없는 이유이다. 리푸마는 은군구새, 민윤두 나무, 카누, 짠물, 그리고 바다와 관련된 모든 것들에 대해서 저주를 했다. 그래서 지금까지 내륙지역에 이런 것들이 존재하지 않는다.

은곰바의 나르는 바구니
··· 콩고공화국 전설

어느 날, 4명의 어린 소녀들이 물고기를 잡으러 가기로 했다. 그들 중 한 소녀는 머리부터 발끝까지 부스럼이 나서 심하게 고통받고 있었다. 그 소녀의 이름은 '은곰바'였다. 다른 세 명의 소녀들은 잠시 이야기를 하고는 은곰바를 데려가지 않기로 결정하고, 은곰바에게 집으로 돌아가라고 말했다. 은곰바가 말했다.
"아니야, 그렇게 하지 않을 거야. 나도 너희들처럼 어머니를 위해서 물고기를 잡아야 해."
그러자 세 소녀는 은곰바를 때리기 시작했고, 결국 은곰바는 그들로부터 도망칠 수밖에 없었다. 은곰바는 혼자서라도 물고기를 잡기로 마음먹었다. 그녀는 잘 알지 못하는 길을 계속 가다가 마침내 커다란 호수에 도착했다. 그곳에서 그녀는 물고기를 잡으며 노래하기 시작했다.

"만일 우리 엄마가"
(그녀는 고기를 한 마리 잡아서 바구니에 넣었다.)
"나를 돌보았더라면"
(그녀는 고기를 또 한 마리 잡아서 바구니에 넣었다.)
"나도 그들과 같이 가서"
(그녀는 고기를 또 한 마리 잡아서 바구니에 넣었다.)
"여기 홀로 있지 않을 텐데"

(그녀는 고기를 또 한 마리 잡아서 바구니에 넣었다.)

그러나 한 '음푸니아(살인자)'가 얼마 전부터 그녀를 지켜보고 있다가, 그녀에게 다가가서 위협적으로 말했다.
"너는 여기서 무엇을 하고 있느냐?"
"물고기를 잡고 있어요. 제발 저를 죽이지 말아주세요! 보세요! 나는 온몸에 부스럼이 났어요. 그렇지만 나는 고기를 많이 잡을 수 있어요."
음푸니아는 은곰바가 고기를 잡으며 노래하는 것을 지켜보았다.

"아, 나는 분명히 죽을 거야!"
(그녀는 고기를 한 마리 잡아서 바구니에 넣었다.)
"엄마, 이제는 저를 보지 못할 거예요!"
(그녀는 고기를 또 한 마리 잡아서 바구니에 넣었다.)
"그렇지만 괜찮아요."
(그녀는 고기를 또 한 마리 잡아서 바구니에 넣었다.)
"아무도 나에게 신경 쓰지 않으니까요."
(그녀는 고기를 또 한 마리 잡아서 바구니에 넣었다.)

음푸니아가 말했다.
"나와 같이 가자."
"안돼요, 이 고기는 엄마 드릴 거예요. 고기들을 엄마에게 가져다줘야 해요."

"나와 같이 가지 않으면, 죽여 버릴 테다."

"아! 나는 이제 죽는 건가요?"
(그녀는 고기를 한 마리 잡아서 바구니에 넣었다.)
"이렇게 물고기를 잘 잡는 데도요?"
(그녀는 고기를 또 한 마리 잡아서 바구니에 넣었다.)
"만일 엄마가 나를 사랑했더라면."
(그녀는 고기를 또 한 마리 잡아서 바구니에 넣었다.)
"나도 살기를 바랐을 텐데."
(그녀는 고기를 또 한 마리 잡아서 바구니에 넣었다.)
"음푸니아님, 저를 데려가서 치료해 주세요. 그러면 제가 당신의 시중을 들게요."

음푸니아는 그녀를 숲속에 있는 자신의 집으로 데려가서 치료했다. 그는 그녀를 페인트 하우스[11]에 머무르게 했고, 그녀와 결혼했다.

음푸니아는 춤추는 것을 매우 좋아했고, 은곰바는 아주 아름답게 춤을 추었다. 그래서 그는 은곰바를 매우 사랑했고, 그녀를 자신의 모든 포로와 재산에 대한 여주인으로 만들었다.

음푸니아는 은곰바에게 말했다.

"내가 산책하러 나갈 때, 나는 이 끈을 내 허리에 묶을 것이다. 그러면 너는 내가 너에게서부터 멀리 가고 있는지 돌아오고 있는

---

11) 전통 사춘기 의식을 치르는 장소 - 옮긴 이

지를 알 수 있을 거야. 내가 멀리가면 끈이 팽팽하게 당겨질 것이고, 내가 돌아올 때는 느슨하게 될 것이야."

은곰바는 어머니가 너무 그리웠다. 그래서 자기 사람들과 도망칠 계획을 세웠다. 은곰바는 매일 자기 사람들에게 마테바 야자나무 잎을 따오도록 했다. 그리고는 그것을 햇볕에 말려서 커다란 바구니를 만들도록 했다. 음푸니아가 돌아왔을 때, 그는 은곰바에게 집에서 마테바 냄새가 진동한다고 말했다. 은곰바는 모든 노예에게 새 옷을 입도록 했다. 그리고 음푸니아가 돌아올 때쯤 되면 그들에게 음푸니아에게 가서 그를 기분 좋게 해주라고 했다. 노예들은 음푸니아에게 접근해서 몇 명은 "아빠"라고 불렀고, 다른 이들은 "삼촌"이라고 불렀다. 또 다른 이들은 그에게 음푸니아가 자신들에게 엄마 아빠나 마찬가지라고 말했다. 그 말을 들은 음푸니아는 기분이 아주 좋아져서 그들과 함께 춤을 추었다.

다음날도 음푸니아가 나갔다가 돌아와서는 마테바 냄새가 난다고 말했다. 그러자 은곰바는 울면서 음푸니아에게, 당신은 나에게 엄마 아빠나 마찬가지며, 계속 자기에게서 마테바 냄새가 난다고 말하면 죽어버리겠다고 말했다. 음푸니아는 은곰바가 슬퍼하는 것을 견딜 수 없었다. 그래서 그는 그녀에게 키스하고, 모든 것을 잊어버릴 때까지 그녀와 춤을 추었다.

다음날, 은곰바는 자신의 바구니가 공중에 잘 뜨는지 시험해 보기로 했다. 그래서 네 명의 여자 노예가 바구니를 높이 들어서 공중으로 날렸다. 바구니는 멋지게 날았다. 그때 음푸니아는 우연히 나무 위에 있다가, 이 거대한 바구니가 공중을 떠다니는 것을 보았다. 그래서 그는 즐거워서 춤을 추고 노래를 불렀다. 그리고 자신과 같이 춤을 추자고 은곰바를 불렀다.

그날 밤, 음푸니아는 다시 마테바 냄새를 맡았다. 그의 의심이 다시 피어올랐다. 자기 아내가 얼마나 쉽게 자기로부터 도망칠 수 있는지에 생각이 미치자, 그는 아내를 죽이기로 했다. 그래서 그는 약을 탄 야자 술을 아내에게 주었다. 그녀는 술을 마시고 잠이 들었고, 그는 자신의 '소미노'[12]를 불 속에 넣었다. 그는 시뻘겋게 달아오른 쇠줄을 그녀의 콧속에 넣어서 죽일 생각이었다.

그러나 그가 막 행동에 옮기려는 찰라, 귀뚜라미로 변신해서 침대 밑에 숨어 있던 은곰바의 여동생이 노래를 부르기 시작했다. 음푸니아는 그 노랫소리를 듣자 몸이 저절로 춤을 추는 것을 느꼈다. 그래서 춤을 추다가 아내를 죽이는 것을 잊어버렸다. 시간이 지나서 여동생이 노래를 그치면, 그는 쇠줄을 다시 달구기 시작했다. 그러면 귀뚜라미가 다시 노래하기 시작했고, 그는 다시 계속해서 춤을 추었다. 음푸니아는 흥에 겨워서 은곰바를 깨우려고 까지 했다. 그러나 은곰바는 약 기운 때문에 계속 졸린다면서 일어나지 않았다.

그러자 그는 나가서 야자 술을 가지고 들어왔다. 그녀는 졸린 목소리로 음푸니아에게 줄을 빨리 만들 수 있느냐고 물었다. 음푸니아는 옷을 입고서 모든 사람을 불러서 다 같이 춤을 추게 했다.

"꼬끼오"하고 수탉이 울었다.

---

[12] 담배 파이프의 구멍을 뚫을 때 쓰는 쇠줄. 불에 달구어서 파이프 줄기를 뚫을 때 사용한다. - 옮긴 이

쇠줄은 여전히 불 위에 있었다. 음푸니아는 아내를 일으켜서 야자 술을 더 마시게 했다.

그러자 수탉이 다시 울었다. 벌써 날이 밝았다.

은곰바는 음푸니아가 낮 동안에 자신을 홀로 두자, 바로 그날 탈출하기로 했다. 그녀는 자기 사람들을 불러서 바구니를 다시 날리게 했다. 그리고 바구니가 확실하게 난다는 확신이 들자, 그녀는 사람들을 모두 바구니에 타게 하고 음푸니아의 모든 보물을 그 안에 실었다. 마지막으로 그녀가 바구니에 올라타자, 바구니는 나무 꼭대기를 넘어서 은곰바 어머니 마을을 향해 날아가기 시작했다.

그때, 나무 꼭대기에 있던 음푸니아는 커다란 바구니가 자신을 향해 오는 것을 보았다. 그는 신나서 춤을 추고 노래를 불렀다. 그리고는 자기 아내를 불러서 이 커다란 바구니가 공중을 날고 있는 것을 보여주고 싶어 했다. 바구니는 바로 그의 머리 위로 날아갔고, 그때야 그는 바구니에 타고 있는 사람들이 자기 노예들이라는 것을 알아차렸다. 그래서 그는 나무들 위로 뛰어서 바구니를 쫓아서, 마침내 바구니가 은곰바의 마을에 내리는 것을 보았다. 그는 은곰바의 마을을 찾아가서 자기 아내를 내놓으라고 따지기로 했다.

바구니는 은곰바 어머니 집 위에 머물렀다. 그곳에 있던 모든 사람이 깜짝 놀랐다. 마침내 그들 앞에 바구니가 내려왔다. 은곰바가 사람들에게 어서 와서 자기를 꺼내달라고 소리쳤지만, 사람들은 두려움에 차서 감히 접근하지 못했다. 결국, 은곰바는 혼자

힘으로 빠져나와 어머니 앞으로 갔다. 은곰바의 친척들은 처음에는 그녀를 알아보지 못했다. 그러나 곧 그들은 그녀에게 모여들어서 그녀가 오랫동안 잃어버렸던 은곰바임을 알고는 모두가 그녀를 환영했다.

그때 음푸니아가 마을로 들어와서 은곰바가 자기 아내라고 주장했다.

"맞소."

그녀의 친척들이 말했다.

"그녀는 당신의 아내요. 그리고 당신은 그녀의 병을 고쳐준 것에 대해 감사를 받아야 하오."

친척들 몇 명이 음푸니아를 대접하는 동안, 다른 친척들은 음푸니아와 그의 아내가 앉을 자리를 마련했다. 그들은 큰 불을 피워서 많은 양의 물을 끓였고, 땅에 깊은 구덩이를 팠다. 그리고 구덩이는 막대기와 거적으로 덮어 놓았다. 모든 것이 준비되자, 그들은 음푸니아와 그의 아내를 그곳으로 인도해서 앉으라고 권했다. 은곰바는 남편 옆에 앉는 척했다. 반면에 음푸니아는 자리에 앉다가 구덩이로 굴러떨어졌다. 그러자 친척들이 끓는 물과 불을 가지고 와서 음푸니아가 죽을 때까지 구덩이 안으로 쏟아부었다.

남편을 살린 세 아내
··· 콩고공화국 민담

'은엔페트로'라는 이름의 남자에게는 세 명의 아내가 있었다. 그녀들의 이름은 '은도잔투'(꿈꾸는 여자), '송가은질라'(길을 안내하는 여자), 그리고 '풀라풀라'(죽은 자를 살리는 여자)였다.

은엔페트로는 뛰어난 사냥꾼이었다. 어느 날, 그는 영양을 한 마리 잡아서 아내들에게 주었다. 아내들은 영양을 다 먹었다. 그러나 시간이 지나자 배가 고프다고 불평했다. 은엔페트로는 밖으로 나가 다시 사냥해서, 원숭이를 한 마리 잡았다. 아내들은 이번에도 그것을 다 먹고 여전히 배가 고프다고 불평했다.

"아, 알겠소. 당신들을 만족하게 하려면 황소를 사냥하는 수밖에 없겠군." 은엔페트로가 말했다.

그래서 그는 사냥을 나가 황소의 흔적을 따라갔다. 그는 끈질기게 흔적을 따라가서, 마침내 서너 마리의 황소가 풀을 뜯어 먹고 있는 것을 발견했다. 그는 황소들에게 몰래 접근해서 한 마리를 쏘았다. 그러나 미처 그가 활을 재장전하기 전에, 성난 다른 황소가 그를 받아서 죽여 버렸다. 마을에서는 이 사실에 대해서 전혀 모르고 있었다. 그의 아내들은 매우 허기가 져서, 남편이 돌아오기를 기다리며 울었다. 그러나 남편은 돌아오지 않았다.

그런데, 은도잔투가 남편이 황소에게 죽는 꿈을 꾸었다. 남편은 죽기 전에 황소를 죽였다는 것도 알았다.

"가자, 내가 길을 안내 할게." 송가은질라가 말했다.

그래서 세 아내는 길을 떠났다. 산을 넘고 골짜기를 건너고, 숲을 지나고 강을 건넜다. 마침내 어둠이 내릴 때쯤 해서, 그들은 남편이 죽어 있는 곳에 도착했다. 풀라풀라는 숲으로 가서 이파리와 풀들을 모아 와서 남편을 다시 살려냈다.

그러자 아내들은 말다툼하기 시작했고, 남편이 어떤 부인의 집으로 먼저 들어갈지 궁금해했다.

"내가 그이가 죽었다는 꿈을 꾸었어." 은도잔투가 말했다.

"그렇지만 내가 그이가 죽어있는 곳으로 인도했어." 송가은질라가 말했다.

"그리고 내가 그이를 다시 살려냈어." 남편이 살아나는 기미가 보이자, 풀라풀라가 말했다.

"좋아! 그러면 우리 각자가 요리를 하기로 하자. 그이가 먹을 수 있게 되면 각자 단지에 담아서 남편에게 가져가는 거야. 그이에게 어떤 음식을 제일 먼저 먹을지 결정하게 하자."

그래서 세 아내는 요리를 시작했다. 두 아내는 닭을 잡아서 요리했다. 반면에 세 번째 부인인 풀라풀라는 돼지고기 요리를 했다. 세 아내는 각자 자신의 요리를 들고 은엔페트로에게 갔다. 어느 음식을 먼저 먹을지 잠시 생각하던 은엔페트로는 풀라풀라가 요리한 돼지고기가 담긴 단지를 들고 말했다.

"은도잔투, 당신은 내가 죽었다는 꿈을 꾸었을 때, 나에게 음식을 줄 수 없었소. 왜냐하면, 내가 어디에서 죽었는지 몰랐기 때문이요. 송가은질라, 당신은 다른 사람들에게 길을 가르쳐 주었지만 나는 여전히 먹을 수가 없었소. 나는 죽어있었기 때문이오. 그렇지만 풀라풀라가 나를 살려냈을 때는, 나는 그녀가 준 돼지요리를 먹을 수 있게 되었소. 그러므로 풀라풀라의 선물이 가장 칭찬받아야 하오."

　대부분의 사람은 은엔페트로가 올바른 판결을 했다고 말했다. 그러나 주변의 여자들은 그가 세 단지의 음식을 한 단지에 담아서, 다 같이 섞인 음식을 먹었어야 했다고 말했다.

사라진 아내 I

··· 콩고공화국 전설

어떤 마을에 두 형제가 살았다. 그들의 이름은 '스와르미'와 '부이트'였다. 스와르미는 결혼을 했고, 자신을 위해 봉사하는 하인들을 가지고 있었다. 그러나 부이트는 혼자였고, 사람들로부터 경멸을 받고 있었다. 부이트는 아무도 그를 위해 음식을 해주는 사람이 없었기 때문에, 매일 수풀에서 주워온 야자 씨를 먹고살았다.

스와르미는 부이트를 매우 못되게 대했다. 자신이 식사할 때 한 번도 부이트를 부른 적이 없었고, 가족의 축제 행사에 부르지도 않았다. 그래서 부이트는 마을을 떠나 멀리 떨어진 수풀에 가서 혼자 살기로 했다. 그래서 어느 날, 그는 아무 말도 하지 않고 형의 곁을 떠났다. 그는 계속 걷고 걸었다. 마침내 어둠이 질 무렵에 깊은 계곡에 도착했다. 그 계곡은 매우 비옥했고, 야자나무가 잔뜩 자라고 있었다. 부이트는 습기가 많은 계곡의 바닥으로부터 떨어져 있고, 키 큰 나무들의 그늘이 지는 곳에 자신의 오두막을 지었다. 지붕이라고는 막대기를 몇 개 걸쳐 놓았을 뿐이었고, 높이래 봤자 땅에서 한 발 정도밖에 되지 않았다. 그는 이렇게 누추한 오두막 안에 거적을 깔고 잠을 잤고, 혼자서 먹는 식사를 위해 불을 피웠다.

삶에 지치고 무료했던 부이트는 어느 날 밤 꿈을 꾸었다. 꿈속에서 아름다운 여자가 그를 불렀다. 그래서 그는 일어나서 그녀를 따라갔다. 그녀는 그를 데리고 울창한 정글과 숲을 지나서 강에 도착했다. 그곳에서 그녀는 부이트에게 땅을 세 번 두드리라고 했다. 그러자 놀랍게도 카누가 한 척 나타났다. 그가 카누를 세 번 두드리자 노가 나타났다. 그러자 그녀는 카누를 타고 가서 물고기를 잡아 오면, 자기가 그를 위해 요리를 해주겠다고 말했다. 그렇지만 자기는 물고기 머리를 보는 것을 싫어하기 때문에, 반드시 물고기의 머리를 잘라내고 가져와야 한다고 말했다. 그래서 그는 배를 타고 가서 물고기를 잡아 그녀에게 가져다주었고, 그녀는 그를 위해 요리를 해주었다. 부이트는 잠에서 깨어났고, 그날 밤 그는 잠을 이루지 못했다.

다음 날 아침, 부이트는 일어나자마자 길을 떠났다. 그는 자신의 꿈을 기억해 내면서 정글과 숲을 지나, 마침내 꿈에서 보았던 그 강에 도착했다. 그가 땅을 두드리자 카누가 나타났고, 카누를 두드리자 노가 나타났다. 그는 강으로 나가서 물고기를 잡아서 머리를 잘라냈다. 그리고 물고기를 가지고 자신의 누추한 오두막으로 돌아왔다.

그러나 오두막은 없어지고, 그 자리에는 커다란 집이 들어서 있었다. 집안에는 멋있는 가구들이 가득 차 있었고, 모든 필요한 부속건물들이 있었다. 그리고 무엇보다도 아름다운 여자가 그를 맞으러 나왔다. 그녀는 그를 맞이하는 일이 매일 하는 것처럼 익숙해 보였고, 그녀의 시중을 드는 아홉 명의 어린 하인들을 데리고 있었다. 그녀가 자신은 그의 시중을 들기 위해 왔다고 말하자, 부이트는 무척 기뻤고 그녀를 매우 사랑하게 되었다.

부이트는 그녀와 결혼해서 행복하고 여유 있는 삶을 살게 되었다. 매일 부이트가 물고기를 잡으러 갈 때면, 그녀는 물고기를 나르도록 자신의 하인들 중 하나를 같이 보내곤 했다. 그곳을 지나가던 사람들은 부이트가 그들에게 베풀어주는 융숭한 대접에 놀랐고, 그가 어디서 그의 부인과 재산을 얻었는지 궁금해했다. 그의 형인 스와르미는 부이트의 성공을 믿을 수가 없어서 결국 그를 찾아가 보기로 했다.

부이트는 매일같이 부인의 하인 중 한 명을 데리고 물고기를 잡으러 갔다. 그러나 시간이 지나자, 그는 물고기 머리를 잘라내는 일에 싫증이 났다. 그래서 어느 날, 그는 물고기 머리를 잘라내지 않았다. 시종은 그것을 보고 소리를 질렀고, 그의 여주인은 물고기 머리를 보는 것을 좋아하지 않는다며 항의했다. 그러나 부이트는 하인이 자신의 주인에게 그런 식으로 말할 수 있느냐며 꾸짖었다. 그리고는 하인에게 물고기를 들려서 집으로 가져가라고 말했다. 그러나 잠시 후에 부이트는 어린 하인을 잡으러 달려갔다. 그는 하인이 집에 도착하기 직전에 붙잡았고, 물고기의 머리를 잘라냈다. 그의 아내는 아무것도 보지 못했다. 부이트는 이러한 놀이가 재미있었다. 그 후로 이런 일이 아내의 8명의 하인에게 벌어졌다. 그때마다 하인들은 항의했고, 부이트는 그들을 꾸짖었다. 그리고 또다시 그들을 쫓아 달려가서, 물고기 머리를 잘라냈다.

아홉 번째에, 그는 '패로트'라는 제일 어린 하인을 데리고 고기를 잡으러 갔다. 그리고 물고기를 통째로 주면서 집으로 가져가라고 했다. 패로트는 엄청 울면서 항의를 했지만, 부이트의 화가 난 듯한 태도에 겁을 먹고 물고기를 들고 집으로 달렸다. 부이트도 달려서 그를 따라갔다. 그런데, 달리고, 달리고, 아무리 달려도 패로트를 따라잡을 수 없었다.

패로트는 집에 도착해서 아내에게 물고기를 보여주었다. 그 순간 집이 사라졌다. 부속 건물들과 하인들과 멋진 가구들, 그리고 마지막으로 사랑스러운 아내까지 모든 것이 사라져버렸다. 부이트가 숨이 턱에까지 차서 도착했을 때는 그의 집도, 아내도, 하인들도 더 이상 볼 수 없었다. 오직 그를 만나러 막 도착한 스와르미만이 그곳에 있을 뿐이었다.

부이트는 너무도 슬퍼서 하염없이 울었다. 스와르미는 그 어느 때보다도 더 그를 경멸하면서, 또다시 그를 홀로 두고 가버렸다.

사라진 아내 II
… 콩고공화국 전설

옛날에 한 여자에게 두 아들이 있었다. 그들의 이름은 '루엠바'와 '마분구'였다. 루엠바는 착한 아이였고, 자라나서 멋진 청년이 되었다. 반면에 마분구는 형편없는 아이였고, 흉측하게 생겨서, 어른이 되었을 때는 난쟁이 같고 못생겨졌다.

어머니는 언제나 루엠바를 잘 대해주었다. 그러나 그녀는 마분구에게는 못되게 굴었다. 잠도 집 밖의 망고나무 아래에서 자게 했고, 가끔 마분구가 엄마에게 먹을 것을 달라고 다가오면, 콩을 요리하느라 삶은 물을 머리에 끼얹곤 했다.

마분구는 이런 부당한 처우를 더 이상 견딜 수 없어서 숲으로 도망쳤다. 마분구는 집으로부터 멀리 떨어져 길을 헤매다가 강에 도착하게 되었다. 그곳에서 그는 카누를 발견하고, 마을로부터 더 멀리 떨어지기 위해서, 그것을 사용하기로 했다. 그는 계속해서 노를 저어갔는데, 어느 곳에 이르자, 큰 나무가 온통 강을 뒤덮어서 노를 저을 수가 없었다. 그래서 그는 노를 내려놓고, 카누를 전진하기 위해서 푸바나무의 잎을 붙잡았다. 그러나 그가 푸바나무 잎을 잡아당기자, 자그마하게 소리치는 여자의 목소리가 들렸다.

"당신은 나를 아프게 하고 있어요! 조심하세요."

마분구는 어리둥절했다. 그러나 다시 잎을 잡아당겼다.

"조심하세요! 내 다리가 떨어져 나가겠어요." 목소리가 말했다.

그래도 마분구가 잡아당기자, 결국 잎사귀 하나가 떨어져 나왔다. 잎사귀는 바로 아름다운 여자로 변했다. 이에 놀란 마분구는 푸바나무에서 다른 잎들을 많이 떼어냈다. 잎사귀들은 각각 남자나 여자들로 변했다. 카누가 그들로 꽉 차게 돼서, 마분구는 더 이상 잎사귀를 떼어낼 수 없었다.

첫 번째 여자가 자신은 그의 아내가 되기 위해 왔다고 말하면서 그를 안심시켰다. 마분구는 더 이상 두려워하지 않았고, 매우 행복했다.

아내는 자신의 주물(呪物)을 꺼내서 말했다.

"내가 이 사람처럼 못생긴 남자와 결혼해야겠니?"

그러자 마분구는 곧바로 잘생긴 청년으로 변했다.

"이 사람이 이런 옷을 입고 있어야겠니?" 그녀가 말하자 곧바로 그의 옷이 변했다.

아내는 계속 마법을 부려서 마분구에게 큰 집을 지어주었고, 그의 사람들을 위한 마을을 만들었다. 그래서 마분구는 강력한 왕자에게 필요한 모든 것을 가지게 되었다. 사람들이 그곳을 지나가다가 마분구의 변신에 놀랐고, 그가 어디서 그렇게 아름다운 아내를 얻게 되었는지 궁금해했다. 그의 어머니와 형, 그리고 온 가족이 그를 보러 왔다. 마분구는 그들을 융숭히 대접하고 돌아갈 때 선물까지 잔뜩 주었다. 그러나 그의 행복이 어디에서 왔는지를 그들에게 절대로 말하지 말라는 아내의 특별한 경고가 있었기 때문에, 마분구는 그들에게 사실대로 말하지 않았다.

식구들은 마분구의 비밀을 알아내기 위해 그를 마을로 초대했다. 처음에는 그의 아내가 가지 말라고 충고했기 때문에, 그는 초대에 응하지 않았다. 그러나 그들이 계속해서 초대했기 때문에, 그는 결국 아내의 반대에도 불구하고 초대에 응하겠다고 말했다. 그러나 그는 그들이 제공하는 음식을 먹지 않겠다고 아내에게 약속했다.

바분구가 마을에 도착하자, 그의 어머니는 그에게 독이 든 음식을 내놓으며 같이 먹자고 강권했다. 그러나 그는 거절했다. 그러자 그들은 그의 아름다운 아내에 대해서 물었다. 방심한 상태가 된 마분구가 대답했다.

"아, 내가 집을 떠났을 때, 나는 숲에서 길을 잃고 헤매고 있었어요."

그러나 이 말을 하자마자 마분구는 숲을 통해서 들려오는 아내의 목소리를 들었다.

"오, 마분구우우우~"

마분구는 곧바로 정신을 차리고 일어나서 집을 향해 달렸다.

그의 아내는 그에게 매우 화를 내면서, 다음번에 또다시 이런 바보짓을 하면 그를 도와주지 않을 것이라고 분명하게 말했다.

얼마간의 시간이 지난 후, 마분구는 또다시 가족을 방문하러 갔다. 그의 아내는 아무 말도 하지 않았다. 그에게 집에 있으라는 말을 하지도 않았고, 그가 가는 것에 동의하지도 않았다.

마분구가 어머니에게 인사를 하고 음식을 나눠 먹을 때, 가족들은 어디서 그의 아내를 얻었는지 말해 달라고 또다시 물었다. 그래서 그는 말했다.

"내가 당신들의 못된 대우 때문에 집을 떠났을 때, 나는 숲을 헤매다 강에 도착했어요. 이런! 내 멋진 모자가 어디 갔지?"

"네 형이 가져갔단다. 해가 쨍쨍할 때 쓰려고 말이야. 계속해라." 그의 어머니가 말했다.

"나는 노가 들어있는 카누를 발견했어요. 내 외투가 어디로 사라졌지?"

"그것도 네 형이 가져갔단다."

"나는 계속 노를 저어 갔어요. 내 멋진 옷이 어디 갔지?"

"세탁을 맡겼단다."

"계속 노를 저어가다 큰 나무에 도착했어요. 이런, 내 셔츠가 어디 갔지?"

"그리고 내가 푸바나무의 잎을 뜯어내자, 그것들은 내 아내와 그녀의 수행원들이 되었어요. 이런 내가 벌거벗었네!"

마분구는 퍼뜩 정신이 들어서 자신의 마을로 달려갔다. 그러나 그의 아름다운 아내는 이미 사라진 뒤였다.

사람들이 이 모든 이야기를 듣고서, 마분구는 그렇게 되어도 마땅하다고 입을 모았다. 그는 자신에게 그렇게 잘해준 아내를 기쁘게 해주는 대신에, 그동안 자신의 적이었던 이들을 기쁘게 해주려고 할 정도로 바보였기 때문이다.

쌍둥이 형제

… 콩고공화국 전설

한 여자가 일을 하다가 아들 쌍둥이를 낳았다. 쌍둥이는 각자 부적과 주물(呪物)을 하나씩 가지고 태어났다. 엄마는 한 아들은 '루엠바'라고 이름 지었고, 다른 아들은 '마분구'라고 불렀다. 그들은 태어날 때부터 거의 성인이었다. 먼저 태어난 마분구는 여행을 떠나고 싶어 했다.

그 무렵에 은잠비의 딸이 결혼 적령기가 되었다. 호랑이가 은잠비를 찾아와서 청혼했다. 그러나 은잠비는 호랑이에게 직접 딸에게 물어보라고 말했다. 왜냐하면, 딸은 자신이 스스로 고른 신랑감과 결혼하겠다고 말했기 때문이다. 그래서 호랑이는 은잠비의 딸을 찾아가 청혼했지만 딸은 단번에 거절했다. 그러고 나서 가젤, 돼지 등 모든 동물들이 차례로 그녀에게 청혼했지만, 그녀는 그들을 사랑하지 않노라 말하면서 모두 거절했다. 동물들은 모두 매우 슬퍼했다.

마분구가 이 은잠비 딸의 이야기를 듣고, 그녀와 결혼해야겠다고 마음먹었다. 마분구는 자신의 부적을 꺼내서 도와달라고 부탁했다. 그러자 부적은 풀잎 몇 개를 손에 쥐었다. 그는 풀잎 하나를 나팔로 변하게 하고, 다른 풀잎으로는 칼을 만들고, 또 다른 풀잎으로 총을 만들었다. 부적은 이런 식으로 계속 마법을 부렸고, 마침내 마분구는 여행을 떠날 준비가 되었다.

마분구가 출발해서 여행을 시작했다. 여행이 길어지자 마분구는 배가 고파졌다. 그는 부적에게 배가 고파 죽을 지경이라고 말했다. 그러자 부적은 서둘러서 푸짐한 상을 그의 앞에 차려주었고, 마분구는 그것을 먹고 매우 만족했다.

"부적아!" 마분구가 말했다.

"너는 내가 사용한 이 멋진 접시들을, 이곳에 올지 모르는 아무 평민들이나 사용할 수 있도록 놔둘 참이냐?"

그러자 부적은 주문을 외워 식기들을 모두 사라지게 했다.

그리고 마분구는 다시 길을 갔다. 계속 여행을 하다 피곤해지자, 그는 부적에게 잠자리를 마련하라고 말했다. 부적은 편안한 잠자리를 만들어 주었고, 마분구는 편안하게 밤을 보냈다.

며칠 동안을 지루하게 여행을 한 끝에, 마분구는 마침내 은잠비의 마을에 도착했다. 은잠비의 딸은 마분구를 보자마자 곧바로 그와 사랑에 빠졌다. 그녀는 자기 엄마 아빠에게 달려가서 소리쳤다.

"내가 사랑하는 남자를 보았어요. 그 남자와 결혼하지 못하면 죽어버릴 거예요!"

그러자 마분구가 은잠비를 찾아와서 자신이 딸과 결혼하러 왔노라고 말했다.

"먼저 그녀를 만나보아라. 그 아이가 너를 받아들인다면, 내 딸과 결혼해도 좋다." 은잠비가 말했다.

마분구와 은잠비의 딸이 서로를 보자, 그들은 서로를 향해 달려가서 얼싸안았다.

그들은 멋진 집으로 인도되었고, 그러는 동안 마을의 모든 사람은 기쁨에 겨워 춤을 추고 노래를 불렀다. 마분구와 은잠비의 딸은 그곳에서 밤을 보냈다. 아침이 되자 마분구는 집 전체가 거울로 가득 차 있다는 것을 알았다. 그러나 거울들은 모두 다 들여다볼 수 없도록 천으로 가려져 있었다. 마분구는 거울에 비친 자신의 모습을 보고 싶어서 은잠비의 딸에게 거울의 천들을 걷어내라고 말했다. 그녀는 거울 하나를 마분구에게 가져다주면서 천을 걷어내었다. 그러자 마분구는 거울 속에 자신의 마을이 생생하게 나타나는 것을 보았다. 그녀가 다른 거울을 가져다주자, 그곳에서는 마분구가 알고 있던 다른 마을의 모습이 나타났다. 그녀는 마분구에게 하나를 제외하고 모든 거울을 보여주었다. 그러나 마지막 거울은 그에게 보여주기를 한사코 거절했다.

"어째서 그 거울은 보여주지 않는 거요?" 마분구가 물었다.

"왜냐하면, 이것은 그곳에 간 사람은 아무도 돌아오지 않은 곳을 비춰주는 거울이기 때문이에요."

"나에게 보여주시오." 마분구가 채근을 했다.

마침내 은잠비의 딸은 포기하고 거울을 보여주었다. 마분구는 거울에 비치는 그 끔찍한 장소의 영상을 노려보았다.

"난 이곳에 가야겠소." 그가 말했다.

"안돼요. 당신은 돌아오지 못할 거예요. 가지 마세요." 은잠비의 딸이 애원했다.

"나는 두렵지 않소. 내 부적이 나를 지켜줄 거요." 마분구가 말했다.

은잠비의 딸은 하염없이 울었지만, 마분구의 뜻을 꺾지 못했다. 마분구는 이렇게, 갓 결혼한 신부를 남겨놓고 말에 올라탔다. 그리고는 아무도 돌아온 적이 없는 마을을 향해 출발했다.

그는 오랫동안 여행을 해서 마침내 그 마을 근처에 도착하게 되었다. 그곳에서 그는 한 노파를 만나게 되었다. 마분구는 노파에게 파이프에 불을 붙일 수 있게, 불을 빌려달라고 말했다.

"먼저 말을 묶어놓고, 이리 와서 불을 붙이시구려." 노파가 말했다.

마분구는 말에서 내려서 고삐를 단단히 묶었다. 그리고 불을 빌리기 위해 노파에게 다가갔다. 그가 노파에게 가까이 가자 노파가 갑자기 그를 죽였고, 그의 몸은 순식간에 사라졌다.

루엠바는 형 마분구가 오랫동안 소식이 없는 것이 걱정되어서, 형을 찾아 나서기로 했다. 그는 풀을 한 줌 뜯어서, 자신의 주물의 도움을 받아서 풀잎 하나는 말로, 다른 하나는 검으로, 다른 풀은 총으로 변하게 했다. 이런 식으로 그는 여행을 떠날 준비가 되었다. 그는 길을 떠나서 며칠을 여행한 끝에 은잠비의 마을에 도착했다.

은잠비는 그를 맞이하기 위해서 뛰어나왔다. 그녀는 그를 마분구라 부르면서 그를 얼싸안았다.

"아닙니다. 제 이름은 마분구가 아닙니다. 저는 그의 동생 루엠바입니다." 루엠바가 말했다.

"말도 안 돼!" 은잠비가 말했다.

"자네는 내 사위 마분구가 틀림없어!"

곧바로 성대한 연회가 준비되었다. 은잠비의 딸은 기쁨에 겨워 춤을 추었고, 그가 마분구가 아니라는 말을 들으려 하지 않았다. 그래서 루엠바는 매우 혼란스러워서 어찌해야 할지 몰랐다. 이제 그는 은잠비의 딸이 마분구의 부인이라는 사실을 알았기 때문이었다. 밤이 되자 은잠비의 딸이 루엠바의 숙소로 잠을 자러 왔다. 그러나 루엠바는 자신의 부적에게 부탁하여 은잠비의 딸을 방안에 가두었다. 부적은 밤 동안 그녀를 루엠바의 방 밖으로 옮겨 놓았다가, 아침 일찍 다시 제자리로 되돌려 놓았다.

루엠바도 벽에 걸려있는 가려진 거울들에 대해서 호기심이 들었다. 그래서 그는 은잠비의 딸에게 그 거울들을 보여 달라고 말했고, 그녀는 또다시 하나만 빼놓고 모든 거울을 그에게 보여주었다. 그 거울은 아무도 돌아오지 않았던 마을의 거울이었다. 루엠바는 그 거울을 보겠다고 우겼고, 그 거울에서 끔찍한 영상을 보고서 자기 형이 그곳에 있다는 것을 알았다.

루엠바는 아무도 돌아오지 않는 마을을 향해 가기 위해 은잠비의 마을을 떠나기로 마음먹었다. 그래서 모든 이에게 친절한 환대에 대한 감사의 인사를 한 후, 그는 출발했다. 마을 사람들은 모두 큰 소리를 내며 울었다. 그렇지만 그가 이미 한번 그곳에 갔다가 무사히 살아 돌아왔었기 때문에, 이번에도 분명히 무사히 돌아올 수 있을 것이라는 사실에 위안을 받았다. 루엠바는 여행을 계속했고, 그도 역시 노파가 앉아 있는 곳에 도착해서 노파에게 불을 빌리기 위해 말에서 내렸다.

노파는 말을 매어놓고 불을 붙이러 자신에게 오라고 말했다. 그러나 루엠바는 말을 묶어놓은 척만 하고, 노파에게 달려들어 그녀를 죽여 버렸다. 그리고 그는 형의 뼈들과 그의 말의 뼈들을 찾아내서 맞추었다. 루엠바가 그 뼈들에 부적을 갖다 대자, 마분구와 말이 다시 살아났다. 그들은 같이 수백 명의 뼈를 맞췄고, 그들의 부적을 갖다 대자 사람들이 모두 살아났다. 루엠바와 마분구는 그들을 데리고 은잠비의 마을로 돌아왔다. 루엠바는 마분구에게 어떻게 자기가 형의 장인과 부인에게 마분구로 오해받았는지, 그리고 어떻게 자기 부적의 도움으로 형수를 불미스러운 일에서 벗어날 수 있게 했는지를 말해줬다. 마분구는 동생에게 감사의 표시를 하면서 처신을 잘했다고 말했다.

  그러나 그들이 살려서 데려온 사람들의 소유에 대해서 두 형제 간에 다툼이 일어났다. 마분구는 자신이 장남이기 때문에 그 사람들이 자기 것이라고 주장했다. 그러나 루엠바는 자기가 형과 그 사람들을 다시 살렸기 때문에 그들이 자기 것이라고 했다. 그러자 마분구는 루엠바에게 달려들어 그를 죽여 버렸다. 그러나 루엠바의 말은 그의 시체를 매단 채로 도망쳤다. 마분구는 은잠비의 마을을 향해 길을 계속 갔고, 그곳에서 성대한 환영을 받았다.

  루엠바의 말은 한참을 가다가 주인의 부적을 루엠바의 몸에 대었다. 그러자 루엠바가 다시 살아났다. 루엠바는 말에 다시 올라탔다. 그는 마분구를 찾아가서 그를 죽였다.

  마을 사람들이 이 소식을 들었을 때, 그들은 모두 루엠바가 정당하다고 판결을 했다.

형과 아우

··· 콩고공화국 민담

어떤 마을에 두 형제가 살았다. 그들은 항상 티격태격했는데, 그것은 동생이 항상 자신이 형보다 더 똑똑하다고 우기면서 형을 화나게 했기 때문이었다.

마침내 동생은 사람들이 자신을 무시하는 것을 더 이상 참을 수가 없어서 마을을 떠나겠다고 말했다. 동생은 아내를 데리고 길을 떠나, 아무도 없는 곳으로 가서 살기로 했다. 그들은 마을에서 멀리 떨어진 숲을 지나, 깨끗한 물이 흐르는 강가에 도착했다.

"물을 좀 마시고, 이곳에 앉아서 쉽시다. 그리고 나서 강을 건너갈 수 있는 길을 찾아봅시다." 동생이 말했다.

그들은 물을 마시고 잠시 쉬었다. 동생은 다시 일어나 강을 따라 내려가다가, 강을 건널 수 있는 길을 찾았다. 동생은 아내를 불러서 같이 강을 건넌 후 계속 길을 갔다. 오래지 않아 그들은 사람들 소리를 듣게 되었고, 도대체 이런 곳에 어떤 사람들이 살고 있을까 의아해했다.

"돌아가요. 저 사람들이 우리에게 해를 끼칠지도 모르잖아요." 아내가 말했다.

"아니야. 나는 돌아가지 않을 거요. 저 마을에 잠시 들려봅시다." 동생이 말했다.

그 마을에 가보니 그곳에는 오두막 두세 채밖에 없었다.

그곳에는 한 남자와 그의 아내가 살고 있었는데, 그들은 재판을 받아서 마을에서 추방되었다고 말했다.
 "당신들은 어디에서 오는 길이요?" 남자와 그의 아내가 경계하면서 물었다.
 동생은 자신이 어떻게 마을을 떠나게 되었으며, 근처를 지나게 되었는지를 설명했다. 그리고는 그와 함께 그곳에서 살고 싶다고 말했다.
 "그렇게 해도 좋소. 그렇지만 우선 나에게 말해주시오. 당신은 나쁜 사람이오?"
 "아니요. 절대로 그렇지 않습니다. 나는 좋은 사람입니다. 다른 사람들이 나에게 아주 못되게 굴었어요." 동생이 말했다.
 "좋소. 저기 오두막이 있으니 그곳에 머물도록 하시오."
 그들은 나흘 동안 아무것도 하지 않았다. 그러나 닷새째 되는 날에 남자는 동물을 잡을 함정을 파자고 제안했다. 그래서 그들은 곡괭이를 가지고 여자들과 같이 남자가 알고 있는 어떤 장소로 가서, 그녀들에게 큰 구덩이를 파게 했다. 구덩이를 다 파자, 그들은 야생동물들이 그곳을 지나다 빠질 수 있도록, 마른 나뭇가지와 잎사귀로 그 위를 덮었다.
 함정을 만들고 나서, 그들은 수확물을 가지고 서로 다투지 않도록 규칙을 정하기로 했다. 즉, 잡힌 동물의 성별에 따라 한쪽은 암컷을 가지고, 다른 편은 수컷을 가지기로 했다. 동생은 자기가 수컷을 갖겠노라고 말했다.
 "좋아. 그럼 내가 암컷을 갖지." 남자가 말했다.
 동생과 남자는 이러한 분배원칙에 동의했다.

그들은 집으로 돌아가 편하게 잠을 잤다. 다음 날 아침 일찍, 그들은 함정을 보러 나갔다. 함정에 야생 황소가 잡혀있었다.

"이것은 네 것이야. 황소를 가져가게." 남자가 말했다.

다음날에는 영양이, 그다음 날에는 침빔비13), 그 다음에는 돼지가 잡혔다. 매일 동물들의 수컷이 잡혔고, 동생은 고기가 너무 많아져서 어찌할 바를 몰랐다. 그러나 동생은 남자에게 단 한 점의 고기도 주지 않았다. 동생은 고기를 훈제해서 보관하기로 하고, 아내에게 숲에 가서 나무를 해오라고 했다. 그러나 저녁이 되도록 아내는 돌아오지 않았다. 그는 아내가 걱정되어서 남자에게 찾아가서 아내가 돌아오지 않는다고 말했다. 그러면서도 왜 아내가 숲에 갔는지는 이야기하지 않았다.

"같이 나가서 찾아봅시다." 동생이 말했다.

"안 돼. 이미 밤이 되었으니, 내일 찾아보자." 남자가 말했다.

동생은 밤새 울면서, 아내 걱정에 잠을 못 이루었다.

다음 날 아침 일찍, 동생은 남자를 깨워서 같이 아내를 찾으러 가지고 말했다.

"그래, 하지만 먼저 함정을 보러 가야 해. 어젯밤에 운이 바뀌었다는 꿈을 꾸었거든. 틀림없이 오늘은 암컷이 잡혔을 거야." 남자가 말했다.

그들이 함정에 가자, 뜻밖에도 동생의 아내가 함정에 빠져있었다. 아내를 찾은 기쁨에 동생은 아내가 나오는 것을 도우려고 함정에 뛰어들려고 했다. 그러나 남자가 그러는 동생을 제지했다.

---

13) 쥐의 한 종류로 어깨와 등 뒤로 엷은 색의 패치가 있고, 염소 같은 작은 뿔이 있다.

남자는 동생에게 그들이 한 약속을 일깨웠다. 즉 동생의 아내는 여자이기 때문에 이제 자기 것이라는 것이었다. 그러면서 남자가 말했다.

"너는 네가 잡은 고기를 나에게 한 점도 나누어 주지 않았어."

"아니요. 고기는 원하는 대로 다 가져가시오. 하지만 내 아내는 사람이요. 당신은 내 아내를 죽여서 먹을 것은 아니지 않소?" 동생이 말했다.

"약속대로 저 여자는 내 것이다. 나는 저 여자를 내가 하고 싶은 대로 하겠다." 남자가 말했다.

그들은 아내가 누구의 소유인가에 대해서 하루 종일 언쟁을 벌였다.

그때 형이 사냥을 나왔다가 함정에서 멀지 않은 곳을 지나게 되었다. 그는 떠들썩한 목소리들을 듣고, 소리 나는 쪽으로 오게 되었다. 그는 곧 동생의 목소리를 알아듣고 그에게 달려왔다. 동생은 형을 보자 뛸 듯이 기뻐하며 요란하게 맞이했다. 그러나 형은 동생을 차갑게 대했다. 남자가 갑자기 찾아온 이방인이 누구인지 알게 되자, 형에게 모든 경위를 들려줬다. 그리고는 형에게 지금 함정에 빠진 여자가 누구의 것인지 말해달라고 했다. 형은 모든 이야기를 다 듣고 말했다.

"함정에 있는 저 여자는 당신 것이오. 당장 들어가서 그녀를 죽이는 것이 좋을 것이오."

동생이 남자를 제지하려고 했으나, 남자는 동생을 밀치고 함정 속으로 뛰어들었다.

동생이 남자가 함정에 뛰어드는 것을 막으려 하는 것을 보고서 형이 말했다.

"멍청한 놈, 아직도 네 형이 너보다 더 현명하다는 것을 인정하지 못하겠느냐? 자, 보아라. 함정에 들어있는 저 남자는 약속에 의해 이제 네 것이다. 그가 네 아내를 가지고 있다고 하더라도 말이다. 이제 그의 목숨을 거두겠다고 하면, 그는 네 아내를 돌려줄 것이다."

남자는 자신이 어떤 어리석은 짓을 했는지 깨달았다. 그는 동생의 아내를 포기하고, 함정 위로 올려주었다. 두 형제와 동생의 아내는 마을로 돌아왔다.

질투심 많은 아내

… 콩고공화국 민담

옛날에 두 아내를 가진 남자가 있었다. 어느 날, 남자는 6개월 동안 집을 떠나게 되었다. 두 아내는 남편을 위해서 서둘러서 토속 빵인 '치코안가'를 구웠다. 두 아내에게는 각각 아이가 하나 있었다. 떠날 때 남편은 아내들에게 아이들을 돌보는 데 특히 신경을 써서, 그들에게 어떠한 해도 닥치지 않게 하라고 당부했다. 아내들은 남편의 당부를 충실하게 이행하겠다고 약속했다.

남편이 돌아올 때쯤이 되자, 아내들은 남편이 돌아오면 좋은 음식을 대접하기 위해서 물고기를 잡으러 가기로 했다. 그렇지만 아이들을 혼자 둘 수 없었기 때문에, 돌아가면서 한 아내가 물고기를 잡으러 간 동안, 다른 아내가 아이들을 돌보기로 했다. 큰 아내가 먼저 고기를 잡으러 가서, 잡은 물고기들을 훈제하기 위해 낚시터에서 이삼일 머물렀다. 그러고 나서 작은 아내가 물고기를 잡으러 갔다. 큰 아내는 아이들을 돌보기 위해서 남게 되었.

그런데 작은 아내의 아이는 큰 아내의 아이보다 훨씬 똑똑하고 영리했다. 큰 아내는 질투심이 생기고 화가 났다. 그래서 그녀는 작은 아내가 없는 동안 아이를 죽여 없애버리기로 했다. 그녀는 팔에 난 털도 쉽게 자를 수 있을 정도로 칼을 날카롭게 갈았다. 그리곤 저녁이 되어서 아이들이 잠들 때까지 칼을 감춰 두었다. 마침내 밤이 되어서 아이들이 잠에 떨어지자, 그녀는 아이들이 자는 곳으로 가서 작은 아이를 찔렀다. 다른 아이는 잠에서 깨어서 겁에 질린 채로 도망쳐 나가 이웃집으로 피신했다.

아침이 되자, 큰 아내는 작은 아내가 돌아오기 전에 아이를 버려야겠다고 생각하며, 자신이 저지른 끔찍한 일을 보러 갔다. 그러나 그녀가 아이들을 보았을 때, 그녀는 소스라치게 놀랐다. 자기가 죽인 아이는 바로 자신의 아이였던 것이다. 그녀는 울면서 아이의 작은 몸을 자기 옷으로 감싸서 숲으로 도망갔다.

남편이 돌아오자 그는 즉시 큰 아내가 없어졌다는 사실을 알았다. 남편은 작은 아내에게 큰 아내의 행방을 물었다. 그러나 작은 아내는 자기 아이가 들려준 말을 되풀이할 뿐이었다. 즉, 한밤중에 큰 아내가 자기 아이를 죽였다는 것이다. 남편은 작은 아내의 말을 믿지 않았다. 그래서 남편은 자신과 같이 온 부시맨들에게 자신이 부인을 찾는 것을 도와달라고 요청했다. 부시맨들은 흔쾌히 동의했고, 온 종일 숲을 샅샅이 뒤졌다. 그러나 그날은 아무것도 찾지 못했다.

다음날, 부시맨들 중 한 명이 숲에서 무엇인가를 품에 안고 있는 여자를 우연히 발견했다. 부시맨은 숨어서 그녀가 노래하는 것을 들었다. 불쌍한 여인은 아이를 계속 흔들어대면서 말했다.

"너는 계속 이렇게 잠만 잘 거니? 왜 일어나지 않니? 여기 좀 봐! 여기 좀 봐! 엄마가 너를 안고 있잖아."

"분명해." 부시맨이 말했다.

"저 여자는 내 친구의 부인임이 틀림없어. 그에게 가서 내가 아내를 찾았다고 알려야겠다."

친구의 말을 들은 남편은 친구 부시맨과 같이 숲으로 갔다. 그들은 여자를 발견하고선, 눈치채지 못하게 근처에 숨었다. 그들은 그녀가 여전히 아이를 흔들면서 똑같은 슬픈 노래를 부르고 있는 것을 들었다.

그래서 아이의 아버지는 아내의 친척들을 불러서 다 같이 숲으로 갔다. 그들이 그녀를 붙잡아서 보니 과연 아이는 진짜로 살해당한 것이었다. 그들은 '카스카' 독약을 여자에게 먹여서 죽였다. 그리고 그녀를 태워서 그 재를 바람에 뿌렸다.

아이를 빼앗긴 여인

··· 콩고공화국 민담

'은페트로'에게는 '켄기'와 '군가'라는 두 아내가 있었다. 그는 두 아내를 위해서 땅을 마련해서, 공평하게 둘로 나눠서 둘에게 나누어 주었다. 두 아내는 그 땅에 옥수수, 콩, 카사바를 심었고, 그들은 많은 수확을 하게 되었다.

어느 날, 군가는 켄기의 밭에서 약간의 콩을 땄다. 그 사실을 알게 된 켄기는 매우 화를 냈다. 군가는 잘못했다고 사과했다. 그러면서도 군가는 자신들이 같은 남자와 결혼을 했기 때문에, 서로의 수확물을 같이 먹어도 되지 않느냐고 반박했다. 켄기는 그것과는 별개의 일이라며 더욱 화를 냈다. 결국, 이 일이 있고난 뒤, 두 아내는 한쪽의 밭에서 나온 것에 대해서는 그 밭의 주인에게 전적으로 소유권이 있고, 다른 쪽은 그것에 대해서 권리를 주장할 수 없다고 합의를 했다.

얼마 후, 켄기가 군가의 밭에 와서 군가에게 담배를 조금 달라고 했다. 그녀는 산통이 와서 매우 고통스럽기 때문에 담배를 피우고 싶다고 했다. 군가는 그녀에게 잠시 앉아있으라고 말하고, 담배를 주었다. 잠시 후, 켄기는 군가의 밭에서 아이를 낳았다. 그러자 군가는 아이를 데려가서 켄기에게 돌려주지 않았다. 켄기는 슬피 울면서 군가에게 아이를 돌려달라고 했다. 그러나 군가는 아이를 돌려주기 거부하면서, 자신은 이 문제로 재판을 받을 준비가 되어 있다고 말했다. 결국, 두 여자는 판관 '마니로비'가 있는 도시로 가서, 그에게 자신들의 입장을 말하기로 했다.

마니로비는 두 여자가 와서 선물을 하자 그들을 환영했다. 그는 두 여자에게 무엇이 문제인지 말해보라고 했다. 켄기가 먼저 말했다.

"제가 아이를 낳았는데, 군가가 아이를 빼앗아갔습니다."

군가가 대답했다.

"아닙니다. 아이는 제 것입니다. 예전에 제가 켄기의 밭에서 콩을 약간 땄었는데, 켄기가 화를 냈습니다. 그리고는 자기 밭에서 나오는 것은 모두 자기 것이고, 제 밭에서 나오는 것은 모두 제 것으로 하자고 저에게 억지로 합의를 하도록 만들었습니다. 그래서 우리 둘 다 상대편의 밭에서 나오는 것은 어떤 것도 가질 수 없습니다. 그런데, 제가 부르지도 않았는데, 켄기가 내 밭에 와서 아이를 낳았습니다. 그러니, 우리들의 합의에 따라서 아이는 제 것이고, 켄기는 저에게서 아이를 데려갈 수 없습니다."

그러자 증인들이 와서 증언했다.

증언이 끝난 후, 왕자와 원로들은 물을 마시러 갔다. 그들이 돌아오자, 마니로비는 군가의 행동이 정당하고, 아이는 그녀의 소유라고 판결했다.

자기 꾀에 빠진 여자

··· 콩고공화국 민담

장날이 되자, 모든 사람이 서둘러서 장으로 갔다. 장에 제일 먼저 도착한 여자는 전통 빵인 '치코앙가'가 든 커다란 바구니를 가져왔다. 그녀는 빵 바구니를 장터에 있는 나무 그늘에 두고, 근처의 수풀 속으로 숨었다.

두 번째 여자가 돼지고기를 담은 광주리를 가지고 와서 나무 아래 앉았다. 그녀는 치코앙가 바구니를 보고 말했다.

"이 빵은 누구 것이지? 나는 내 돼지고기하고 같이 빵 한쪽을 먹고 싶은데. 시장에 가지고 올 돼지고기를 준비하느라, 치코앙가를 준비해 올 시간이 없었어." 그녀는 목소리를 높여서 소리쳤다.

"이 치코앙가는 누구 것이에요? 주인이 누구죠?"

이렇게 여러 번 외쳤지만, 아무런 대답이 없었다. 결국, 여자는 치코앙가의 주인이 없다고 결론 내렸다. 그녀는 자기 돼지고기와 함께 빵 한 조각을 먹었다.

그러자 치코앙가의 주인이 나타났다. 그리고 돼지고기 주인에게 그녀가 먹은 치코앙가의 값으로 돼지고기를 모두 내놓아야 한다고 말했다.

"말도 안 돼!" 돼지고기 주인이 말했다.

사람들이 두 여자 주변에 몰려와서 이야기를 들었다. 양측의 이야기를 다 듣고 나서, 그들은 치코앙가 주인 여자가 잘못했다는 결론을 내렸다. 그녀는 돼지고기 주인 여자가 오는 것을 분명히 보고서, 그녀가 자신의 치코앙가를 먹게 하려고 수풀 속에 숨어 있었기 때문이다. 그녀가 돼지고기를 빼앗을 목적으로 이러한 함정을 설치한 것이기 때문에, 치코앙가를 잃는 것이 당연하다.

악어가 암탉을 잡아먹지 않는 이유

··· 콩고공화국 전설

옛날에 암탉이 한 마리 있었다. 암탉은 매일 강가에 가서 모이를 쪼아 먹고는 했다. 그러던 어느 날, 악어가 다가와서 암탉을 잡아먹겠다고 위협했다. 그러자 암탉이 소리쳤다.

"악! 오빠, 그러지 마세요!"

암탉이 지르는 비명에 악어는 깜짝 놀라고 당황해서 물러섰다. 그러면서 어떻게 자신이 암탉의 오빠가 될 수 있을까 생각했다.

며칠이 지난 후, 악어는 이번에는 반드시 암탉을 잡아먹어야겠다고 마음먹고 강가로 나왔다.

그러나 암탉은 또다시 소리쳤다.

"악! 오빠, 그러지 마세요!"

악어는 또다시 물러날 수밖에 없었다.

"빌어먹을 암탉 같으니!" 악어는 으르렁거리면서 생각했다.

"내가 어떻게 자기 오빠가 될 수 있단 말이야? 암탉은 육지의 마을에 살고, 나는 이렇게 물속에서 사는데 말이야."

결국, 악어는 이 문제를 해결하기 위해서 최고신 '은잠비'를 만나기로 마음먹고 길을 나섰다. 악어는 집을 나선 지 얼마 되지 않아서, 친구인 큰 도마뱀 '은밤비'를 만났다.

"여어, 은밤비." 악어가 말했다.

"내가 지금 아주 골치 아픈 일이 하나 있어. 아주 맛있게 살찐 암탉이 매일 강으로 와서 모이를 먹거든. 그래서 매일 내가 그 암

닭을 잡아먹으려고 하면, 그 암탉이 나를 '오빠'라고 불러서 나를 놀라게 하는 거야. 어째서 암탉이 내 동생이라는 건지 도저히 이해가 안 가. 그래서 이 문제에 대해서 판결을 내달라고 지금 은잠비님을 찾아가는 중이야."

"멍청한 친구 같으니." 큰 도마뱀 은밤비가 말했다.

"그런 짓 하지 마. 당연히 판결에 질 거고, 너의 무식함만 드러나게 될 거야." 은밤비는 말을 이어갔다.

"오리는 물에서 살면서 알을 낳는다는 사실을 모른단 말이야? 거북이도 그렇게 하지. 나도 알을 낳아. 암탉도 알을 낳고, 너도 그렇잖아. 멍청한 친구야. 그러니까 그런 의미에서 우리는 모두 형제인 거야."

악어는 은밤비의 말을 듣고, 그 말에 동의했다.

그 후로 악어는 암탉을 잡아먹지 않는다. 그들은 모두 형제이기 때문이다.

가젤 은사시의 충직한 개
··· 콩고공화국 전설

'은엔페트로'에게는 두 아내가 있었다. 두 아내는 각자 예쁜 딸을 낳았다. 부자 집안이었기 때문에, 그들은 딸들에게 청혼하기 위해 들어오는 선물들을 거절하기로 했다. 대신에 딸들의 이름을 알아맞히는 남자에게 딸을 주기로 했다. 딸들의 이름은 '룽가'와 '렝가'였다.

딸들은 부모가 원하던 대로 아름답게 자라나서, 결혼할 나이가 되었다. 그러자 영양이 부모에게 찾아왔다. 영양은 옷가지와 귀중품으로 가득 찬 커다란 꾸러미를 부모의 발밑에 놓으며 딸과 결혼하게 해달라고 했다.

"우리는 당신의 관대한 선물을 받을 수 없습니다. 우리는 오직 딸들의 이름을 알아맞히는 남자에게만 딸을 주기로 했기 때문입니다."

영양은 깡충깡충 뛰면서 돌아갔다. 그는 어떻게 딸들의 이름을 알 수 있느냐고 불평했다.

그러자 먼 마을의 유명한 왕자인 가젤 '은사시'가 은엔페트로에게 딸을 달라고 요청했다.

"안되네, 젊은이. 내 딸들의 이름을 맞혀보게. 그러면 내 딸을 데려갈 수 있을 걸세."

"좋습니다! 그들을 어떻게 부르시나요?"

"아니, 나는 자네에게 말하지 않을 걸세."

은사시는 모든 수단을 동원해서 딸들의 이름을 알아내려 했지만 소용없었다. 은사시는 어디를 다니든 자신의 충실한 개를 데리고 다녔다. 그날도 개는 앉아서 주인을 지켜보고 있었다. 개는 모든 이야기를 들었고, 주인에 대해서 측은한 감정이 들었다. 결국, 은사시는 가슴이 찢어지는 슬픔을 느끼며, 은엔페트로의 집을 떠났다. 은엔페트로의 딸들은 눈길을 끌 정도로 정말 아름다웠기 때문에, 그는 그녀들을 진심으로 원했었다. 은사시는 너무도 슬퍼서 자신의 개가 자기를 따라오지 않는다는 사실도 모른 채, 곧장 자기 마을로 돌아갔다. 그는 아가씨들의 이름을 알아낼 방도를 궁리하는데 만 몰두했다.

은사시가 돌아가자, 은엔페트로는 딸들을 불렀다.

"룽가야!, 렝가야! 이리 오너라."

은사시의 개는 그녀들의 이름을 듣고 말했다.

"오, 빨리 달려가서 주인님에게 이 아름다운 아가씨들의 이름을 말해줘야겠다. 그러면 주인님은 그녀들과 결혼하고 행복해질 거야."

개는 종종거리며 은사시의 집으로 달렸다. 그런데 달리다 보니 배가 고파 죽을 것만 같았다. 그래서 그는 먹을 것을 찾아서 두리번거렸고, 약간의 어려움은 있었지만, 야생 닭을 잡을 수 있었다. 닭을 다 먹고 나서, 개는 기쁜 마음으로 다시 출발했다. 개는 은엔페트로 딸들의 이름이 무엇이었는지 다시 한번 기억을 상기했다. 아뿔싸! 개는 이름들을 잊어버렸다. 아무리 생각해도 딸들의 이름이 떠오르지 않았다. 개는 별수 없이 은엔페트로의 마을로 돌아가야 했다.

오랫동안 피곤하게 길을 달린 끝에, 개는 한밤중에 도착했고, 다음날까지 잠에 곯아떨어졌다. 은엔페트로는 아침에 개를 발견하고 딸들에게 말했다.

"룽가와 렝가야! 저 은사시의 작은 개에게 먹을 것을 좀 주어라."

딸들은 개에게 음식을 주었지만, 마실 물은 주지 않았다. 그렇지만 개는 그녀들의 손을 핥으며 감사의 표시를 했다. 그는 다시 기쁜 마음으로 출발했다. 그는 자신의 임무의 중요성을 잘 알고 있었다. 개는 가다가 맑은 개울에 도착했다. 개는 너무도 갈증이 나서, 자신의 임무도 잊어버리고 허겁지겁 물을 마셨다. 물을 마시고 나서 그는 은엔페트로 딸들의 이름을 기억하려고 했지만, 전혀 기억이 나지 않았다. 결국, 개는 다시 은엔페트로 마을로 돌아와서 하룻밤을 더 자야 했다.

다음 날 아침, 은엔페트로는 룽가와 렝가를 불러서 말했다.

"얘들아, 은사시의 개에게 먹을 것과 마실 것을 주어라."

딸들은 이번에는 개에게 음식과 함께 물도 주었다. 개는 만족스럽게 먹고 나서 다시 은사시의 마을을 향해 출발했다. 그는 이번에는 무사히 도착했다. 개는 돌아오는 길 내내 은엔페트로 딸들의 이름과 주인님이 기뻐할 것이라는 것만 생각했다.

은사시는 개가 돌아온 것을 보고 기뻐하며 말했다.

"오, 충직한 개야. 어디 있었느냐? 은엔페트로 딸들의 이름을 말해줄 수 있겠느냐?"

그러자 개가 대답했다.

"그럼요, 주인님. 제가 그녀들의 이름을 알아왔습니다."
"그러면, 말해 보아라."
"먼저, 나에게 보상을 해주셔야죠, 주인님."

은사시는 돼지를 잡아서 개에게 주었다. 그러자 개는 은사시에게 아름다운 아가씨들의 이름과 그동안 있었던 모든 일을 말해주었다. 은사시는 크게 기뻐하면서 춤을 추었고, 마을 사람들 모두가 행복해했다. 이제 은사시가 은엔페트로의 딸들을 얻어서 결혼하는 것은 확실해 보였다.

은사시와 그의 개는 은엔페트로의 딸들을 요구하기 위해서 집을 나섰다. 그러나 춤과 노래를 지나치게 즐겼던 탓에, 그들은 매우 목이 말랐다. 그래서 그들은 맑은 물에 도착하자, 실컷 물을 마셨다. 물을 다 마시고 나자, 그들은 은엔페트로 딸들의 이름이 기억나지 않는다는 것을 알고 깜짝 놀랐다.

그래서 개는 혼자서 다시 은엔페트로의 마을로 갔고, 은엔페트로가 딸들의 이름을 부르는 소리를 다시 들었다. 그들이 개에게 먹을 것과 마실 것을 주었지만, 그는 곧바로 주인에게 돌아왔다. 은사시와 개는 여정 중에 먹지도, 마시지도 않고 곧바로 은엔페트로의 마을로 갔다. 은사시는 은엔페트로 딸들의 이름을 부르면서, 이제 그녀들은 자신의 아내라고 주장했다.

그러자 은엔페트로가 말했다.

"내 딸들을 데려가라, 젊은이. 너는 내가 그녀들에게 약속했던 조건을 충족했다."

가젤과 표범

··· 콩고공화국 민담

건기가 지속되던 어느 날, 가젤이 표범에게 말했다.
"지금은 건기야. 우리는 지금 농장의 풀을 베어서, 우기가 되면 여자들이 농사를 지을 수 있도록 해야 해."
표범이 대답했다.
"좋아, 그런데 나는 오늘은 갈 수 없어. 네가 먼저 가서 일하고 있어."
그래서 가젤은 혼자서 일을 하러 농장으로 갔다. 가젤은 온 종일 풀을 베고, 농장을 경작하기에 알맞게 개간을 했다. 다음날도 가젤은 혼자 일하러 갔다. 온 종일 혼자서 일을 한 가젤은 억울한 생각이 들었다.
삼 일째 되는 날, 표범은 가젤에게 농장으로 일하러 같이 가자고 말했다. 그러나 가젤은 몸이 아파서 갈 수 없다고 말했고, 표범은 혼자 농장으로 갔다.
다음 날 표범은 다시 가젤의 집에 갔지만, 가젤은 집에 없었다.
"그가 어디로 갔나요?" 표범이 물었다.
"글쎄요, 어디론가 나갔어요." 가젤의 부인이 대답했다.
매일 표범이 가젤 집을 찾았지만, 가젤은 그때마다 아프거나, 마을에 없었다. 그래서 표범은 힘든 일을 모두 혼자서 할 수밖에 없었다. 그러나 여자들이 씨를 뿌리고, 작물이 다 익을 때가 되자, 가젤은 농장을 보러 갔다. 가젤은 농사가 잘된 것을 보고 기뻐하면서, 자기 친구들을 불러서 잔치를 열면 좋겠다는 생각을 했다. 그래서 그는 모든 영양과 들판의 친구들을 농장으로 불러서 성대한 잔치를 벌였다.

얼마 지나지 않아 표범은 농장에 가서 농사가 어떻게 되어가고 있는지 보아야겠다는 생각을 했다. 표범은 농장에 도착하자마자 소리를 질렀다.

"이런! 누가 내 농장에서 농작물들을 먹고, 옥수수들을 다 먹어 치운 거야? 내가 덫을 놓아서, 도둑놈들을 붙잡겠어!"

다음날, 가젤의 인솔하에 동물들이 농장으로 다시 왔다. 가젤은 동물들에게 주의를 주었다.

"조심들 해. 분명히 표범이 우리 때문에 덫을 설치해 놓았을 거야."

그러나 영양 한 마리가 부주의하게 굴다가 표범의 덫에 걸렸다.

"이런, 조심하라고 했잖아. 이제 어떻게 해야 하지? 다른 동물들은 다 도망쳤고, 너와 나 둘뿐인데, 나는 너를 풀어줄 만큼 힘이 세지 않아. 표범에게 잘 이야기해서 살려달라고 해."

그리고 가젤은 농장을 떠났다.

잠시 후, 표범이 와서 도둑을 붙잡은 것에 대해서 크게 기뻐했다. 표범은 영양을 마을로 데려갔다.

"제발요, 가젤이 나에게 가자고 했어요. 절 죽이지 말아주세요. 죽이지 마세요."

영양이 울면서 말했다.

"내가 지금 어떻게 가젤을 잡아서 네 말을 확인할 수 있겠느냐? 너는 죽어야만 해." 그렇게 말하곤 표범은 영양을 잡아먹었다.

가젤은 표범이 한 짓을 듣고서 매우 화가 났다. 그는 표범은 동물들의 우두머리인데, 우두머리가 아랫것들에게 먹을 것을 제공하는 것은 당연한 것이 아니냐고 주장했다. 아버지가 아이들을 먹여 살리는 것은 의무이지 않은가?

"좋아, 신경 쓰지 않겠어. 표범은 이번 일에 대해서 대가를 치르게 될 거야."

가젤은 큰 북을 만들었다. 그리고는 그 북을 쳐서, 모든 동물이 춤추러 오게 했다. 동물들이 다 모이자, 가젤은 그들에게 표범에게 복수해야 한다고 말했다.

표범도 북소리를 듣고, 아내에게 춤추러 가자고 말했다. 그러나 그의 아내는 그냥 집에 있겠다고 말했다. 그래서 표범은 혼자 춤추러 집을 나섰다. 표범이 도착하자, 모든 동물이 달려들어 표범을 죽였다. 춤판이 다 끝나자, 표범의 아내는 왜 남편이 돌아오지 않을까 의아해했다. 가젤은 표범의 아내에게 가죽을 벗긴 표범의 머리를 축제 음식이라며 보냈다. 자기 남편의 머리인 줄은 꿈에도 모른 채, 표범의 아내는 그것을 먹었다.

가젤이 찾아와서 말했다.

"오, 부끄러운 줄 알아라. 너는 네 남편의 머리를 먹은 것이다."

"아닙니다. 부끄러운 것은 당신 몫입니다. 당신이 그를 죽이고, 나에게 먹으라고 준 것이지요."

표범의 아내는 울면서 가젤을 저주했다.

교활한 거북이의 최후

··· 콩고공화국 민담

거북이와 한 남자가 작은 마을을 지었다. 그러나 아직 아무것도 심지 않았기 때문에, 그들은 굶주림으로 고통받았다.

"큰 올가미로 덫을 만들자. 그러면 우리는 영양을 잡을 수 있어." 거북이가 말했다.

남자는 동의했다. 그들은 바로 올가미를 만드는 일에 착수해서, 매우 큰 올가미를 만들었다.

"이건 너무 커. 이것을 반씩 나누자. 각자가 자신의 덫을 가지는 거야." 거북이가 말했다.

남자가 올가미를 둘로 나눴고, 거북이는 더 좋은 것을 선택했다. 그날 밤, 남자의 덫에는 아무것도 잡히지 않았지만, 거북이의 덫에서는 멋진 영양이 잡혔다. 거북이는 자신이 영양을 들어 올릴 수 없었기 때문에, 사람들에게 춤추러 오라고 불렀다.

사람들이 춤을 추는 동안, 야생 황소가 숲에서 나와서 어떻게 된 일인지 알고 싶어 했다. 그래서 거북이는 자기가 영양을 잡았는데, 집으로 가져갈 수가 없어서 친구들을 불렀다고 말했다.

"친절한 황소 씨, 나를 위해 덫에서 영양을 꺼내서 내 집까지 가져다주겠어?."

"물론, 당연히 그래야지." 황소가 말했다.

황소는 영양을 덫에서 꺼내서, 거북이 집으로 옮겨주었다.

"그러면, 이제 가서 물을 좀 떠 와." 거북이가 말했다.

황소가 가서 물을 가져왔다. 거북이와 황소는 영양고기를 조각으로 잘랐다.

"접시를 좀 씻어 줘." 거북이가 말했다.

신이 난 황소는 접시를 씻었다.

"이것은 네 몫이야, 황소야. 하지만 고기를 싸야 하니까 잎사귀들을 따오도록 해."

황소가 숲으로 가서 잎사귀를 따는 동안, 거북이는 모든 고기를 자기 집안에 넣었다. 그의 집은 매우 튼튼했고, 거북이는 안에 들어가 문을 잠가버렸다.

황소가 돌아와 자신의 몫을 요구했지만, 거북이는 거절하면서 황소에게 심한 욕을 했다. 황소는 매우 화가 나서, 거북이에게 덫을 부숴버리겠다고 말했다. 거북이는 그러라고 했다. 황소는 씩씩거리며 거북이의 덫을 부수러 갔다. 그러나 거북이는 집으로 돌아오기 전에 덫을 다시 설치해 놓았었다. 황소가 덫을 들이받자, 머리가 올가미에 걸리고 말았다. 황소는 잠시 버둥거리다가 죽었다. 거북이가 와서 말했다.

"오, 이런, 황소 씨. 내가 말했잖아. 거북이의 함정에 들어갈 때는 조심해야 한다고 말이야."

거북이는 사람들을 다시 불러 춤추고 노래하라고 했다.

이번에는 표범이 시끄러운 소리에 끌려, 거북이에게 와서 무슨 일이냐고 물었다. 거북이는 표범에게 자기가 손이 아파서 황소를 집으로 가져갈 수 없다고 말했다. 그러면서 표범에게 황소를 자기 집으로 운반해 줄 수 있느냐고 물었다. 거북이의 부탁에 기뻐하면서 표범은 그러겠다고 했고, 금방 황소를 거북이 집으로 가져다주었다.

"고마워, 표범 씨. 이제 강에 가서 물을 좀 떠다가 단지를 좀 씻어줄래?"

"물론이지." 표범이 말했다.

그들이 황소를 다 요리하자, 거북이는 표범 몫의 고기를 한쪽으로 놔두고 나머지를 자기 집으로 옮겼다.

"고기를 싸기 위해 잎사귀들을 좀 가져올래?" 거북이가 말했다.

표범이 잎사귀를 가지고 돌아와 보니, 거북이는 고기를 다 가져가서 집 안에서 문을 잠그고 있었다.

"거북아, 거북아, 내 고기는 어디 있는 거야?" 표범이 물었다.

"여기에 있지, 표범 씨."

"그럼 내 몫을 줘."

"아니, 황소는 내 거야."

"그렇지만 내가 요리하는 걸 도와줬잖아."

"글쎄, 나는 너에게 아무것도 주지 않을 거야."

"그러면 네 덫을 부숴버리겠어."

"황소 꼴 나지 않도록 조심해."

"그래, 내 조심하지."

표범은 덫이 있는 곳으로 가서 덫을 완전히 부순 다음, 목에 밧줄을 감고 마치 덫에 걸린 척 누워있었다. 그러자 거북이가 다시 덫을 보러 와서, 표범을 발견하고는 기뻐했다.

"아하! 내가 말했잖아! 왜 좀 더 조심하지 않으셨나, 표범 씨?"

거북이는 마치 표범에게 입맞춤이라도 하는 것처럼 긴 목을 쭉 내밀었다. 표범은 순식간에 거북이를 덮쳐서, 미처 거북이가 목을 집어넣기도 전에 거북이 머리를 잡아 뜯어버렸다. 표범은 거북이 집으로 가서, 거북이가 모아놓은 고기를 다 먹어치웠다.

거북이 집 앞을 지나가던 남자는 거북이 집에 표범이 있는 것을 보고 궁금해졌다. 그래서 남자는 표범에게 무엇을 하고 있느냐고 물었다. 표범은 거북이가 그를 속이려고 했다는 것과 자신이 거북이를 어떻게 죽였는지 말했다. 남자는 표범이 정당했다고 하면서, 거북이의 음식을 계속 먹어도 된다고 말했다.

영양과 표범

··· 콩고공화국 민담

어느 날 표범이 영양에게, 만일 자신이 숨는다면 영양은 결코 자기를 찾을 수 없다는데 목숨을 걸겠다고 말했다.

"좋아. 내기를 받아들이지. 가서 숨어봐."

그래서 표범은 숲으로 가서 몸을 숨겼다. 영양은 잠시 표범을 찾아다니다가, 곧 그를 찾았다. 표범은 목숨을 내놓는 대신에 영양에게 매우 화를 내면서, 이번에는 영양에게 숨어보라고 했다. 그리고는 자기가 얼마나 쉽게 영양을 찾는지 보라고 했다. 영양은 그 말에 동의했다. 그러나 자신은 목숨을 걸 수는 없다고 말했다.

잠시 후, 표범은 영양을 찾아 나섰다. 표범은 숲을 온통 다 뒤졌지만, 영양을 찾을 수 없었다. 마침내, 표범은 완전히 지쳐서 주저앉았다.

"나는 더 이상 걷기에는 너무 몸이 무거워. 그리고 너무 배가 고파. 그러니 이 '논제' 열매를 따서 집으로 가져가 먹어야겠다." 표범이 말했다.

그래서 표범은 가지고 갔던 자루에 열매를 가득 채워서, 자기 마을로 돌아왔다. 마을로 돌아오게 되자, 표범은 아침을 먹고 나서 자기 백성을 다 불러 모아, 수색을 계속해야겠다고 마음을 고쳐먹었다.

그래서 표범은 자신의 '은곤고'를 두드려서, 자신의 모든 백성들을 모이게 했다. 전날 태어난 아기부터, 병들어 걸을 수 없어서 들것 신세를 져야 하는 병자들까지 사람들이 다 모이자, 표범은 노예들에게 논제 열매를 까라고 명령했다. 그런데, 노예들이 첫 번째 열매를 까자, 그 안에서 귀여운 강아지가 뛰어나왔다.

표범에게는 네 명의 아내가 있었다. 각각의 아내들은, 자신의 집을 가지고 있었다. 강아지는 열매에서 나오자마자, 첫째 부인의 집으로 달려갔다. 첫째 부인은 강아지를 때렸다. 그러자 강아지는 둘째 부인 집으로 도망갔다. 둘째 부인 역시 강아지를 때렸고, 강아지는 셋째 부인 집으로 피신해 갔지만, 셋째 부인 역시 강아지를 때렸다. 그래서 강아지는 넷째 부인 집으로 도망갔는데, 넷째 부인은 강아지를 죽여 버렸다.

그러나 강아지는 죽으면서 아름다운 처녀로 변했다. 표범은 이 아름다운 여인을 보자 단박에 결혼하고 싶어졌다. 그래서 곧바로 그녀에게 자기의 부인이 되어달라고 말했다.

"먼저, 강아지를 죽인 네 명의 부인을 죽이세요." 아름다운 여자가 대답했다.

표범은 즉시 부인들을 죽였다. 그러자 처녀가 말했다.

"내가 어떻게 그토록 무섭게 생긴 발톱을 가진 남자와 결혼할 수 있겠어요? 발톱을 모두 뽑아 주세요."

표범은 처녀에게 지독하게 사랑에 빠져있었기 때문에, 자기 발톱을 모두 뽑아버렸다.

"당신은 정말 무서운 눈을 가졌군요. 표범 씨! 당신이 항상 그런 눈으로 나를 바라본다면, 나는 당신과 같이 살 수 없어요. 눈을 뽑아 주세요."

표범은 한숨을 쉬었지만, 그 말에 따랐다.

"나는 그렇게 못생긴 귀를 본 적이 없어요. 그것들을 잘라버리는 것이 어때요?"

표범은 귀를 잘라버렸다.

"당신은 내가 세상에서 본 중에 가장 투박하게 생긴 발들을 가지고 있네요! 그것들을 잘라내지 않을래요?"

표범은 절망하면서 자기 발들을 모두 잘라냈다.

"사랑스러운 표범님, 이제 제가 당신에게 요구하고 싶은 것은 딱 한 가지만 남았어요. 당신의 이빨이 얼마나 흉한지 아세요? 그것들이 당신을 얼마나 못생겨 보이게 하는지 아세요? 그것들을 다 뽑아 주세요."

표범은 이제 매우 허약해졌다. 그렇지만 그는 처녀에게 너무도 빠져있었기 때문에, 또 이 마지막 희생만 치르면 그녀를 차지할 수 있을 것이라는 희망에, 표범은 주방에서 돌을 가져오게 해서, 자신의 이빨을 다 부러트렸다.

처녀는 이제 표범이 다 죽어가는 것을 보았다. 그러자 그녀는 영양으로 변했다. 다시 자신의 모습으로 돌아온 영양이 표범에게 말했다.

"꼴좋다, 표범. 너는 내가 너를 찾아냈을 때, 처음 약속했던 대로 네 목숨을 나에게 주지 않으려고, 나를 죽이려 했었지. 이제, 내가 너를 어떻게 했는지 보아라. 나는 너를 파멸시켰고, 너의 가족 전체를 파멸시켰다."

바로 이것이, 오늘날 표범이 영양을 만나기만 하면 항상 죽이는 이유이다.

토끼와 영양

··· 콩고공화국 민담

비라고는 한 방울도 내리지 않는 건기가 한창때였다. 우물을 가지고 있지 않은 동물들은 심한 갈증을 느꼈다. 그래서 토끼와 영양은 더 이상 물 부족에 시달리지 않기 위해서, 같이 우물을 파기로 했다.

"먼저 음식을 먹고, 일하러 가자." 영양이 말했다.

"아니야, 음식을 보관해 뒀다가, 일이 끝난 후 피곤하고 배고플 때 먹는 것이 낫지 않겠어?" 토끼가 말했다.

"좋아. 그러면 음식을 숨겨 놔, 토끼야. 자, 이제 일을 하러 가자. 나는 매우 목이 말라."

그들은 우물을 파기로 한 장소에 도착했다. 그리고 잠시 동안 열심히 일했다.

갑자기 토끼가 말했다.

"들어봐! 누가 나보고 마을로 돌아오라고 부르고 있어."

"아니, 나는 안 들리는데?" 영양이 말했다.

"아니야, 분명히 나를 부르고 있어. 나는 가봐야겠어. 내 아내가 아이를 낳으려 하고 있어. 가서 아이 이름을 지어줘야 해."

"그럼 다녀와, 토끼야. 그렇지만 될 수 있는 한 빨리 돌아와."

토끼는 음식을 숨겨 놓은 곳으로 달려가서 음식을 약간 먹고는, 다시 일하는 곳으로 돌아왔다.

"그래, 아이 이름을 무엇이라고 지었니?" 영양이 물었다.

"'미완의 녀석'이라고 지었어." 토끼가 대답했다.

"아주 이상한 이름이구나." 영양이 말했다.

그리고 토끼와 영양은 다시 일을 시작했다.

"그들이 또 나를 부르고 있어." 토끼가 소리쳤다.

"나는 가봐야 할 것 같아. 미안해. 나를 부르는 소리가 들리지 않니?"

"아니, 아무것도 들리지 않는 데." 영양이 말했다.

토끼는 영양 혼자 모든 일을 하도록 놔둔 채 달려가서, 둘의 몫으로 숨겨 놓은 음식을 먹었다. 어느 정도 먹고 나자 토끼는 음식을 다시 숨겨놓고, 우물 공사를 하는 곳으로 돌아왔다.

"이번 아이는 뭐라고 이름을 지었니?" 영양이 물었다.

"'반쯤 끝난 녀석'이라고 지었어."

"너는 정말 재미있는 녀석이구나. 어쨌든 계속 땅을 파자. 내가 얼마나 열심히 일했는지 봐." 영양이 말했다.

그들은 다시 일하기 시작했다. 이번에는 제법 오랫동안 열심히 일을 했다. 그러나 토끼가 다시 말했다.

"들어봐! 이번에는 너도 분명히 나를 부르는 소리를 들을 수 있을 거야."

"미안해 토끼야, 나는 아무것도 들리지 않아. 어서 가봐. 그렇지만 빨리 돌아오도록 해." 영양이 말했다.

토끼는 달려가서, 이번에는 남은 음식을 다 먹어버리고 돌아왔다.

"그래, 이번 셋째 아이는 뭐라고 이름 지었니."

"'다 끝낸 녀석'이라고 지었지."

토끼와 영양은 일을 계속했고, 저녁이 되어서야 마을로 돌아왔다.

"나는 너무 피곤해, 토끼야. 가서 음식을 먹자. 나는 정말 까무러칠 것 같아." 영양이 말했다.

토끼는 음식이 있는 곳으로 달려가서 영양에게 소리쳤다.

"음식이 다 없어졌어! 바구니도 다 비었어. 틀림없이 못된 고양이가 그랬을 거야."

영양은 신음소리를 냈고, 배를 곯은 채 자야만 했다.

다음날에도 못된 토끼는 영양에게 똑같은 속임수를 썼다. 그다음 날도 토끼는 영양을 속였다. 그렇게 며칠을 계속하다, 결국 영양은 토끼가 음식을 훔쳤다는 것을 알았다. 영양이 토끼를 다그치자 토끼는 오히려 화를 내며, 그렇게 의심스러우면 같이 '카스카'14)를 마시자고 말했다.

"그래, 우리 둘이 카스카를 마시자. 꼬리가 먼저 젖는 쪽이 유죄가 되는 거야." 영양이 말했다.

그래서 토끼와 영양은 같이 카스카를 마셨다. 그러자 토끼에게 약 기운이 나타났다. 그렇지만 토끼는 영양에게 소리쳤다.

"이것 봐! 네 꼬리가 젖었어!"

"아니야 그렇지 않아!" 영양이 말했다.

"맞아." 토끼가 말했다.

"아니, 토끼, 네 꼬리가 젖었어. 이것 봐!" 영양이 말했다.

그러자 토끼는 겁이 덜컥 나서 도망치려 했다. 그러나 영양이

---

14) 커피의 일종. 콩고 지역에서는 카스카를 마시면 죄의 여부가 드러난다는 속설이 있다.

토끼에게 말했다.

"겁내지 마, 토끼야. 나는 너를 해치지 않을 거야. 단지 너는 내 우물의 물을 마시지 않겠다고 약속해. 그리고 영원히 이곳을 떠나."

그래서 토끼는 영양을 떠나서, 어디론가 가 버렸다.

이 일이 있고 나서 어느 정도 시간이 흐른 후, 새 한 마리가 영양에게 와서 토끼가 매일 우물에 와서 물을 마신다고 알려주었다. 그 말을 들은 영양은 매우 화가 났다. 영양은 토끼를 죽여야 겠다고 생각했다. 그래서 영양은 토끼를 잡을 덫을 설치하기로 했다. 영양은 우선 나무를 잘라서 토끼 크기 정도의 동물 모형을 만들었다. 영양은 이 모형을 우물가의 땅에 단단히 박아서 고정했다. 그리고 모형 전체에 새 사냥용 끈끈이 풀을 발라 놓았다.

토끼는 평소처럼 우물에 물을 마시러 왔다가, 어떤 동물이 그곳에 있는 것을 보고는 깜짝 놀랐다. 그리고는 그 동물도 자기처럼 물을 마시러 온 것으로 생각했다.

"여기에서 뭘 하고 계신건가요?" 토끼가 모형에게 물었다.

모형은 아무런 대답이 없었다.

그러자 토끼는 이 동물이 자기를 무서워한다고 생각하면서, 더 가까이 다가가서 그곳에서 무엇을 하느냐고 다시 물었다.

그러나 모형에게서는 아무런 답이 없었다.

"뭐야! 너 지금 나를 무시하는 거야? 당장 대답해! 아니면 한 대 쳐버릴 테다!"

모형은 답이 없었다.

그러자 토끼는 오른쪽 앞발을 들어서 모형의 뺨을 때렸다. 오른쪽 앞발이 모형에 달라붙었다.

"어떻게 된 거지? 당장 내 손을 놓아! 안 그러면 또 때릴 테다!"

그러나 모형은 토끼의 앞발을 붙잡고 놓아주지 않았다. 토끼는 왼발로 모형을 후려갈겼다. 왼발도 모형에 달라붙었다.

"너 도대체 어떻게 된 거야? 바보 같은 짓 하지 말고, 당장 내 손들을 풀어 줘. 안 그러면 발로 차버릴 테다."

토끼는 모형을 오른발로 찼다. 오른발도 모형에 붙어버렸다. 화가 난 토끼는 왼발로 모형을 걷어찼고, 왼발도 붙어버렸다. 화가 머리끝까지 난 토끼는 머리와 온몸으로 모형을 들이받았다. 마찬가지로 이것들도 모형에 붙어버렸다. 꼼짝달싹 못 하게 된 토끼는 무기력하게 소리를 질렀다.

그때 영양이 물을 마시러 왔다. 영양은 토끼가 모형에 달라붙어서 꼼짝 못 하는 것을 보았다. 영양은 토끼를 한번 비웃고는 죽여 버렸다.

표범과 악어

… 콩고공화국 민담

옛날에 먼 수풀 속에 있는 어떤 마을에 많은 아내를 가진 남자가 살았다. 그의 아내들은 일하기를 거부했고, 남자는 자신과 그들을 먹여 살리기 위해 어떻게 해야 할지 몰랐다.

어느 날, 좋은 생각이 하나 떠올랐다. 남자는 숲으로 들어가 야자나무를 베었다. 그는 모두 스무 다발의 야자열매를 수확했다. 그리고 남자는 표범을 찾아가서 열 다발의 야자열매를 주면서, 친구가 되었다. 표범은 남자에게 매우 고마워하면서, 만일 앞으로도 계속 자기에게 야자열매를 가져다주면, 아내들을 먹일 신선한 고기가 떨어질 일이 없을 것이라고 말했다. 남자는 표범에게 고맙다는 말을 하면서, 표범이 원하는 것을 공급해 주겠다고 약속했다.

남자는 다시 악어에게 가서 선물을 주었다. 열 다발의 야자열매 선물을 받은 악어는 진심으로 고마워했고, 남자에게 오직 자기에게만 야자열매를 따다 주면, 매일 많은 양의 신선한 물고기를 가져다주기로 약속했다. 다음날, 표범은 남자가 사는 마을에 와서 멧돼지를 선물했다. 곧이어 악어가 와서 그에게 많은 양의 물고기를 가져다주었다. 그 결과 마을에는 먹을 것이 넘쳐났고, 남자와 아내들은 배곯을 일이 없었다.

이러한 관계는 오랫동안 지속됐다. 그러나 결국 악어와 표범은 야자열매에 싫증이 났다. 그들은 남자에게 개를 가져다 달라고 요구했다. 왜냐하면, 그들은 개의 고기가 매우 맛있다는 이야기를 들었기 때문이었다. 그런데 문제는 악어와 표범 모두 개를 만나보기는커녕, 구경조차 해보지 못했다는 것이었다. 사실 악어와 표범 모두 서로의 존재조차 모르고 있었다. 남자는 자신의 개를 잃고 싶지 않았다. 그래서 악어와 표범에게 개가 한 마리도 없다고 말했다. 그러나 악어와 표범은 날이 갈수록 더 개를 먹고 싶어 했다. 그들은 계속 남자의 고민을 깊어지게 했고, 결국 남자는 그들에게 각각 개를 만나게 해주겠다고 약속했다. 사실 남자는 악어와 표범에게 진짜로 개를 넘겨줄 생각이 없었다. 그러나 그들이 너무도 자신을 괴롭히고 난처하게 했기 때문에, 그들은 남자에게 골칫거리가 되었고, 결국 남자는 그들에게서 벗어나기로 한 것이다.

다음날 표범이 찾아와서, 여태까지 한 번도 보지도 못했고 먹어보지도 못한, 개를 내놓으라고 했다. 남자는 표범에게 어느 장소로 가면 개를 만날 수 있을 것이니, 가서 잡아먹으라고 말했다. 그 말을 들은 표범은 개를 찾으러 갔다.

악어도 물고기를 잔뜩 가지고 와서 또다시 개를 요구했다. 남자는 표범에게 가르쳐주었던 장소를 악어에게 말했다. 그러면서 그곳에 가면 개를 만날 터이니 마음껏 즐기라고 했다.

악어가 그 장소에 먼저 도착했다. 그러나 개일 것으로 생각되는 동물은 없었다. 그래도 악어는 남자의 말을 믿고, 눈을 감고 뜨거운 태양 아래서 일광욕을 했다. 잠시 후에 표범이 와서 악어를 발견했다. 악어는 자고 있는 것 같았다.

"개라는 동물은 내가 생각했던 것보다 훨씬 크구나." 표범이 중얼거렸다.

악어는 표범이 다가오면서 바스락거리는 소리에 잠이 깨서, 천천히 눈을 떴다. 악어는 자기가 개에 대해서 들었던 것이 모두 사실이라면, 표범은 아주 큰 개인가 보다고 생각했다. 악어가 움직이기도 전에 표범이 악어 위로 뛰어올랐다. 끔찍한 싸움이 벌어졌다. 남자는 마을 사람들을 모두 불러 싸움의 결과를 보러 갔다. 오랜 싸움 끝에 악어와 표범 모두 죽어있었다. 남자와 마을 사람들은 악어와 표범 고기를 마을로 가져와서 잔치를 벌였다. 그들은 밤새도록 노래를 부르고 춤을 추었다.

아·프·리·카·의·신·화·와·전·설

제 6 장
콩고민주공화국 신화와 전설

부숑고족 창조 신화

… 콩고민주공화국/부숑고족 신화

이 세상의 최초에는 어둠과 물만이 존재했었다. 최고신인 '붐바'는 혼자였다. 어느 날, 고질적인 위통에 시달리다가, 붐바는 토하기 시작했다. 그가 처음으로 토해낸 것은 태양이었다. 그러자 처음으로 빛이 생겼다. 다음으로 붐바는 달과 별들을 토해냈다. 그가 계속 토해내자, 여러 동물과 새들 그리고 물고기들이 나왔다. 마지막으로 붐바는 인간들을 토해냈다.

붐바로 부터 나온 동물들은 다른 동물들을 만들어냈다. 왜가리는 모든 종류의 새들을 만들어냈고, 악어는 파충류들과 도마뱀들을 만들었다. 딱정벌레는 다른 곤충들을 만들었다. 이런 식으로 세상에는 생명체가 가득 차게 되었다. 붐바의 세 아들은 세상을 만드는 일을 마무리했다. 그들의 일이 다 끝나자, 붐바는 세상 전체를 인간에게 넘겨주었다.

음부티족의 신들

··· 콩고민주공화국/음부티족 신화

음부티족15)의 모든 신 중에서 최고의 정점에는 '쿤붐'이 위치한다. '코눔', '크음붐', '초룸'등의 이름으로도 알려져 있다. 쿤붐은 두 개의 뱀으로 만들어진 활을 들고 있는데, 인간들에게는 무지개 형태로 보인다. 매일 해가 지고 나면, 쿤붐은 별의 조각들을 모아 하늘에다 뿌리는데, 이는 다음날을 위해서 태양을 부활시키기 위해서이다.

쿤붐은 가끔 '고르'(천둥의 신인 코끼리)나 카멜레온(요루바 신화에 나오는 신의 메신저인 오리슈-은라와 비슷한 존재)의 중재 하에 죽은 자들을 만난다.

쿤붐은 진흙으로 인간을 만들었는데, 흑인은 검은 진흙으로 만들고, 백인은 흰색 진흙으로 만들었다. 그리고 피그미족은 붉은 진흙으로 만들었다. 그는 사냥꾼들이 필요로 하는 동물들도 만들었다.

'아레바티'는 달의 신인데, 하늘의 아버지이기도 하다. 어떤 이야기에서는 진흙으로부터 인간을 만든 신은 쿤붐이 아니라 아레바티라고 하기도 한다.

'토르'는 사냥꾼들에게 동물들을 제공해 주는 숲의 신이다. 그는 천둥의 신이기도 한데, 폭풍우의 형태를 하고 무지개 속에 숨어

---

15) '음부티'는 콩고민주공화국 지역에 거주하는 피그미족의 하부 부족이다.

있다. 토르는 입문 의식을 할 때 표범의 모습으로 나타나기도 한다. 최초의 피그미족들이 토르로부터 불을 훔쳤다. 토르는 피그미들을 뒤쫓아 갔지만, 그들을 잡지 못했다. 그가 집으로 돌아오는 길에, 그의 어머니가 죽었다. 복수하기 위해 토르는 인간도 마찬가지로 죽어야 한다고 공포했고, 그때부터 죽음의 신이 되었다.

'네구구노굼바'는 아이를 잡아먹는 거인 괴물이다. '오브리과비비콰'는 뱀으로 변신할 수 있는 난쟁이이다.

카룸바 신화

… 콩고민주공화국 신화

'카룸바'는 최고신이자 창조주이다. 태초에 카룸바는 남자와 여자를 만들었다. 당시에 지상은 아무도 살지 않는 미지의 땅이었다. 그래서 카룸바는 지상을 조사하기 위해 남자와 여자를 보냈다. 지상에 도착한 그들은 달이 뜰 때를 제외하고는 지상이 매우 어둡다는 사실을 알았다. 그들은 천국으로 돌아와서 카룸바에게 자신들이 본 사실을 알렸다.

그래서 카룸바는 인간이 빛을 가질 수 있도록 태양을 만들었다. 그리고 남자와 여자에게 개, 새, 부싯돌, 철, 그리고 번식할 힘을 주면서 지상에서 살게 했다. 남자와 여자는 새로운 세상에서 살게 되었고, 모든 인류의 부모가 되었다.

카룸바와 인간의 기원에 대한 다른 버전의 이야기에 따르면, 인간은 처음에는 천국에서 카룸바와 함께 살았다. 그렇지만 오래가지 않아 그들은 서로 싸우기 시작했다. 그래서 카룸바는 이에 대한 벌로 인간을 지구로 내려보냈고, 그들은 그곳에서 처음으로 굶주림, 추위, 병, 그리고 죽음을 경험하게 되었다. 고통에 시달리던 인간들은 후회하면서 하루하루 힘들게 살아갈 수밖에 없었다.

그러던 어느 날, 한 예언자가 고통의 세계에서 벗어나기 위해서는 하늘로 돌아가야 한다고 말했다. 그래서 인간들은 천국에 닿는 거대한 탑을 만들었다. 탑이 완성되자 사람들은 천국으로 올라갔다. 그런데 탑이 너무도 높아서 지상에서는 먼저 출발한 사람들이 천국에 무사히 도착했는지 알 길이 없었다. 그래서 천국에 제일 먼저 도착한 사람들은 자신들이 천국에 도착했다는 것을 지상의 사람들에게 알려주기 위해서 요란하게 북을 치고 피리를 연주했다. 카룸바는 시끄러운 소리에 매우 화가 났다. 그래서 그는 탑을 파괴해 버리고, 더 이상 인간이 그에게 다가올 수 없도록 했다.

카룸바와 죽음의 기원

... 콩고민주공화국 전설

카룸바가 인간을 만들기는 했지만, 인간의 수명은 그가 어떻게 할 수 있는 것이 아니었다. 인간의 운명은 '삶'과 '죽음'의 손에 달려있었다.

삶이 인간에게 먼저 찾아가면 인간은 영원히 죽지 않는 존재가 될 것이고, 죽음이 먼저 찾아가면 인간은 반드시 죽게 될 것이었다. 인간을 사랑하는 카룸바는 인간에게 유리한 결과가 나오게 하려고 방법을 찾았다. 결국, 카룸바는 '삶'과 '죽음'이 인간을 찾아가기 위해 어떤 길을 통해서 간다는 것을 알았다.

카룸바는 개와 염소를 불러서 특별한 명령을 내렸다. 그것은 삶과 죽음이 지나가는 길목을 지키고 있다가 '삶'은 통과시키고, '죽음'은 통과시키지 말라는 것이었다. 카룸바의 명을 받은 개와 염소는 누가 먼저 경계를 설 것인가를 가지고 서로 다퉜다. 염소는 개가 틀림없이 길목을 지키다가 잠들 것이기 때문에 자신이 길목을 지켜야 한다고 말했다.

그러나 개는 절대로 그런 일은 없을 것이라고 말하며 자신이 먼저 가야 한다고 말했다. 결국, 힘이 센 개가 먼저 경계를 서게 되었다.

염소가 예상한 대로 개는 경계를 서다가 잠이 들어버렸다. 그 길에 먼저 나타난 것은 죽음이었다. 죽음은 아무런 제지도 받지 않고 그곳을 통과해서 인간에게 갔다.

다음날, 죽음이 이미 지나갔다는 사실을 알지 못한 채, 염소가 경계를 섰다. 염소는 잠들지 않았고, 삶이 나타나서 그곳을 통과하려 할 때 그를 붙잡았다. 이렇게 해서 죽음이 이 세상에 들어오게 된 것이다.

아드로아와 아드로

··· 콩고민주공화국/루그바라족 신화

'아드로아(또는 아드론가)'는 하늘의 신이다. 아드로아는 '오이루', 즉 '신'으로 불려진다. 아드로아는 경험과 지식의 한계를 뛰어넘는 초월적인 존재이며, 인간과는 멀리 떨어져 있다. 아드로는 지구의 신인데, 인간의 내면에 있고, 인간과 가까이 있다. 그는 현실의 영역에 존재한다. 아드로는 '악'으로도 알려져 있다. 그의 아이들은 '아드로안지'인데, '아드로 온지'(나쁜 신)의 뜻이다. 아드로안지는 죽음과 연결되어 있다. 아드로의 환심을 사기 위해서 사람들은 처음에는 아이들을 제물로 바치다가 나중에 아이들을 대신해서 숫양을 바쳤다.

아드로아는 최초의 남자와 여자인 '그보로그보로'와 '메메' 쌍둥이를 만들었다. 메메는 모든 동물을 낳았고, 다른 남녀 쌍둥이들도 낳았다. 이 최초의 쌍둥이들은 처음에는 인간이 아니었다. 그들은 초자연적인 힘을 가지고 있었고, 마법을 부릴 수 있었다. 여러 세대의 초인적인 남녀 쌍둥이 세대가 지난 후, 인간인 '자키'와 '드리비두'가 태어났다. 그들의 자손들이 오늘날 '루그바라'족의 조상으로 알려져 있다.

출생과 창조의 신, 조크
… 콩고민주공화국 신화

'조크'는 최고신이자 창조주이다. 그는 모든 곳에 존재하고 어느 것에나 존재한다. 조크는 천국과 지구, 그리고 지구에 존재하는 인간과 동물 같은 모든 것을 창조했다. 그는 인간에게 농업 기술을 가르치고 불을 주었다. '조크 오두두'와 마찬가지로 '조크'는 출생의 신이며, 모든 출생을 책임지고 있다. 그는 좋은 작물을 수확할 수 있도록 비를 내려주고, 인간이 사냥할 수 있도록 건기를 보내준다.

조크는 직접 행동하지 않는다. 마찬가지로 조크라고 불리는 정령이 인간의 일상생활에 간여하고 조크의 뜻을 전달한다. '랑고'(Lango)의 전통에 따르면, 죽은 사람들의 영혼은 조크와 합쳐진다. 조크는 사실 하나의 신으로 묶여진 다수의 영혼이다.

죽음의 기원에 대한 신화에서 조크는 인간에게 생명 나무의 열매를 주어 영원히 살 수 있도록 할 계획을 세웠었다. 그러나 그가 인간에게 이 선물을 받기 위해 천국으로 오라고 불렀을 때, 인간들은 응답을 늦게 했다. 화가 난 조크는 생명 나무의 열매를 태양과 달, 그리고 별에게 주어버렸다. 마침내 인간이 천국에 도착했을 때, 그들에게 남은 열매는 없었다. 그래서 천체는 불멸하고, 인간은 필멸의 존재가 되었다.

아레바티와 죽음의 이유

··· 콩고민주공화국 신화

옛날에는 인간이 영원히 살았다. 인간들이 죽으면 최고신 '아레바티'가 그들을 다시 살려냈기 때문이다. 아레바티는 인간이 죽으면 그의 시체를 구덩이 옆으로 옮겼다. 죽음이 들어있는 구덩이 가장자리에 시체를 놓아서 죽음이 시체를 볼 수 있도록 하기 위해서였다. 시체를 본 죽음이 안심하고 방심을 하면, 며칠 후 아레바티가 다시 죽은 자를 살려냈다. 다만, 구덩이 안의 죽음이 시체를 볼 수 있도록 하기 위해서는 시체를 구덩이 가장자리에 아주 신경 써서 반쯤 걸치게 놓아야 했다.

어느 날 한 여자가 죽었다. 아레바티가 죽은 여인을 구덩이로 옮기려 하자, 두꺼비가 그에게 자기가 시체를 옮길 수 있게 해달라고 부탁했다. 두꺼비가 너무도 졸라댔기 때문에, 아레바티는 두꺼비에게 시체를 옮기도록 허락했다. 그러면서 두꺼비에게 만일 여인의 시신이 구덩이에 빠지면 큰 불행이 닥치니, 조심해야 한다고 경고했다. 그러나 서투른 두꺼비는 여인의 시신을 구덩이에 빠트리고, 자기도 빠지고 말았다. 그러자 아레바티가 경고했던 것처럼 큰 불행이 닥쳤다. 죽은 여자가 살아나지 못한 것이다. 그때부터 모든 사람은 한번 죽으면 다시 살아나지 못한다.

사악한 정령 비로코

··· 콩고민주공화국 전설

비로코는 난쟁이 모양을 한 정령들이다. 주로 콩고 중부지방의 가장 아래쪽 우림지역에서 돌아다닌다고 한다. 전설에 따르면, 이들은 죽어서도 쉬지 못하는 조상의 정령으로, 살아있는 것들에 대해 분노를 품고 있다. 비로코들은 속이 빈 나무 안에 숨어서, 숲과 그 안에 있는 생명체들을 질투심에 가득 찬 눈길로 지켜보고 있다. 그들의 모습은 너무 흉측해서 여자들이 그들을 보고 기절할 정도이고, 정말로 대담한 사냥꾼들만이 이 숲에 들어가서 살아남는다.

비로코는 흉물스러운 외관을 가지고 있다. 머리털도 없고, 길고 날카로운 발톱을 가지고 있으며, 날카로운 이빨이 달린 입을 가지고 있다. 비로코의 입은 매우 커서 인간을 통째로 삼킬 수도 있다. 그들의 자신들에게 홀린 사람들의 넋을 빼고 먹어치우기도 한다.

초인 음윈도

··· 콩고민주공화국 전설

'음윈도'는 '투본도'의 왕인 '셈윈도'의 아들이었다. 음윈도는 태어날 때부터 걷고 말할 줄 알았으며, 땅 위나 땅속, 물속이나 공중으로 이동할 수 있는 놀라운 능력을 가지고 있었다. 그는 예지력이 있었고, 악한 힘을 무찌를 수 있었고, 태어날 때부터 왕의 상이었다. 그가 가진 또 다른 능력은 번개 같은 강력한 초자연적인 힘이나, 박쥐나 거미 같은 자연의 동물들과 소통하는 것이었다.

음윈도의 아버지인 셈윈도는 어떤 아내도 자기 아들인 음윈도을 돌보지 못하게 했다. 왜냐하면, 그는 아들이 자라서 자기에게 맞서게 될까 두려웠기 때문이다. 두려움에 시달리던 셈윈도는 결국 그를 죽이려고 했다. 그러나 음윈도의 힘은 셈윈도의 모든 살해 시도를 실패하게 했다. 그러자 셈윈도는 자기 신하들에게 음윈도를 북에 넣어서 강에 버리라고 명령했다. 음윈도는 북 안에 갇힌 채 강을 따라 흘러가다가, 아버지의 여동생인 '이안구라'에게 구조되었다. 이안구라는 음윈도를 북에서 꺼내어 구해주었고, 음윈도를 키워주었다. 이안구라는 거대한 물뱀 '음쿠티'와 결혼했는데, 이것은 오빠인 셈윈도가 자신의 욕심 때문에 여동생을 음쿠티와 강제로 결혼시킨 것이었다. 그래서 이안구라는 항상 셈윈도에 대해서 복수를 다짐하고 있었다.

성인이 된 음윈도는 아버지와 싸우기 위해서 집으로 돌아가기로 결정했다. 그래서 음윈도와 이안구라는 같이 출발했다. 그날 저녁, 그들은 음원도의 외삼촌 '바니아나'의 집에 도착했다. 바니아나 집안사람들은 음원도에게 철갑옷을 주면서, 자신들도 그와 함께 투본도로 가겠다고 말했다.

음원도와 그의 삼촌들은 힘을 합쳐 투본도로 쳐들어갔다. 치열한 전투가 벌어졌다. 그러나 이 첫 전투에서 음원도의 군대는 패하였고, 삼촌들도 모두 전사했다. 그러자 분노한 음원도는 번개를 불러서 마을 전체를 파괴해버렸다. 모든 집들이 불타버렸고, 수많은 사람들이 죽었다. 전세는 단번에 역전되어서, 음원도는 셈원도를 잡기 위해 투본도로 들어갔다. 그러나 그의 아버지는 탈출해서, 지하세계로 도망쳤다. 음원도는 삼촌들을 살려내서, 지하세계로 아버지를 쫓아갔다. 그는 지하세계에 있는 동안 많은 시험을 겪었고, 많은 임무를 완수했다. 마침내 지하세계의 신은 그에게 셈원도를 넘겨주었다. 음원도는 아버지를 차마 죽이지 못하고 용서하기로 했다. 아버지를 데리고 지상으로 돌아온 음원도는 투본도의 모든 사람들을 다시 살려냈다. 왕국은 그때부터 둘로 나뉘어 한쪽은 음원도가 통치하고, 다른 한쪽은 그의 아버지가 통치했다.

세월이 흐른 뒤 어느 날, 음원도의 백성 중 몇 명이 사냥을 나갔다가 용에게 잡아먹혔다. 음원도는 용을 죽이고 자신의 백성들을 구해냈다. 음원도의 친구였지만, 음원도와 용, 둘 다와 친분이 있던 번개는 음원도가 용을 죽인 사실에 분노했다. 그래서 번개는 음원도에게 교훈을 주기 위해서, 그를 하늘로 데려가서 하늘의 신들 밑에서 고초를 겪게 했다. 번개는 음원도를 달, 태양,

별, 비 그리고 우박에게 데려갔다. 음윈도는 그들 밑에서 많은 시련을 겪고, 새로운 지혜를 얻었다. 음윈도가 다시 지상으로 내려오기 전에, 신들은 그에게 다시는 동물들을 죽이지 말라고 가르쳤다. 지상으로 돌아온 음윈도는 자신의 백성들에게, 모든 생명은 신이 보기에 신성한 것이고, 인간은 다른 생명의 운명을 결정할 권리가 없다고 선언했다. 그는 그의 백성들에게 조화롭게 살아갈 수 있는 법을 내려주었고, 위대한 왕으로서 통치했다.

마켐베와 마법의 활
… 콩고민주공화국 전설

옛날에 '마켐베'라는 이름의 어린 소년이 이었다. 그는 콩고에서 멀지 않은 마을에서 가족과 함께 살고 있었다. 어느 날, 그가 모래사장에서 공놀이를 하고 있을 때, 마을의 대장로가 그를 불렀다.

"마켐베야, 마을의 모든 희망에 너에게 달려있다. 지금은 가뭄이 너무 심하다. 모든 마을사람들이 작물이 말라죽는 것을 보고 절망에 빠져있다. 오직 마을의 가장 젊은 사람만이 비를 오게 하고, 우리를 이 절망에서 구해낼 수 있다."

"제, 제가요? 정말요?" 아이는 말을 더듬었다.

"그렇단다. 네가 우리 마을에 비가 오게 하는 방법을 찾아야 한다. 이것이 너의 임무이다."

집으로 돌아오면서, 마켐베는 얼떨떨해 하면서도, 생각에 잠겼다.

"좋아, 내가 보기에는 한 가지 방법밖에 없어. 예전에 할머니가 나에게 마법의 활에 대해서 말씀해 주셨지. 아마도 내가 그것을 사용할 수 있을 거야. 그렇지만 그 활을 어디 가서 찾는담?"

밤새도록 마켐베는 답을 찾았지만, 아무 성과가 없었다. 날이 밝자마자, 마켐베는 할머니의 침대 맡으로 찾아갔다. 그가 활의 행방에 대해서 묻자, 할머니가 대답했다.

"마법의 활은 숨겨져 있단다. 그렇지만 네가 이 질문에 정확하게 답을 한다면, 너에게 활이 숨겨져 있는 장소를 가르쳐주마."

"알았어요, 할머니." 마켐베가 대답했다.

"좋다. 네가 길을 가다가 한 사람과 한 마리의 말을 만났는데, 둘 다 부상을 당한 상태다. 너는 둘 중에 한 쪽밖에 돌볼 수가 없다. 어느 쪽을 선택하겠느냐?"

한참을 생각하다가 마켐베는 할머니에게 대답했다.

"말이요!"

"아, 그래? 어째서이지?"

"일단 말을 치료하게 되면, 말을 이용해 다친 사람을 좀 더 쉽게 운반할 수 있을 것이고, 그러면 그를 가장 빨리 치료사에게 데려갈 수 있을 테니까요."

"축하한다. 너는 뛰어난 식견이 있음을 증명했구나. 따라 오거라, 활이 있는 곳으로 데려다 주마."

잠시 후, 할머니는 마켐베를 마을의 외딴집으로 데려다 주었다. 마켐베는 그곳에 숨겨져 있던 마법의 활을 찾을 수 있었다. 마켐베는 있는 힘을 다해서 구름을 향해 수십 발의 화살을 쏘았다. 구름은 으르렁대더니 눈물을 흘리며 울기 시작했다. 눈물은 비가 되어 내렸고, 마을 사람들은 크게 기뻐했다.

모든 사람들은, 작은 체구에도 불구하고 큰일을 해낸 이 젊은 영웅에게 갈채를 보냈다.

꾀 많은 거북이

… 콩고민주공화국 민담

어느 날, 거북이가 작은 언덕에서 코끼리와 마주쳤다. 코끼리는 뿌우거리며 거북이에게 말했다.
"내 길에서 비켜, 이 겁쟁이야!, 안 비키면 너를 밟고 갈 테다."
거북이는 동요하지 않고 그 자리에서 꼼짝하지 않았다. 코끼리가 거북이를 발로 밟았지만, 거북이 껍질을 부술 수는 없었다.
"잘난 체하지 마, 이 코끼리야. 보다시피 나는 너만큼 강해!"
거북이가 이렇게 말하자 코끼리는 웃음을 터트렸다. 그러자 거북이는 코끼리에게 다음 날 아침 그 자리에서 다시 만나 힘겨루기를 해보자고 했다. 코끼리는 비웃으며 그러기로 했다.
다음날 해가 뜨기도 전에, 거북이는 언덕을 내려가서 강가로 갔다. 거북이는 그곳에서 하마를 찾았다. 하마는 간밤의 식사를 마치고 물속에서 몸을 뒤집고 있었다.
"하마 씨! 나랑 힘겨루기해보실래요? 나는 당신만큼 힘이 세요!"
하마는 웃음이 났지만, 거북이와 힘겨루기를 하기로 했다. 거북이는 긴 밧줄을 가지고 와서 한쪽 끝을 하마에게 주면서 이빨로 단단히 물고 있으라고 말했다. 당길 때가 되면 자기가 신호를 주겠다고 했다. 그리고 거북이는 다시 언덕으로 올라왔다. 언덕의 다른 쪽에서는 코끼리가 기다리고 있었다. 코끼리는 이미 기다리다 짜증이 나 있었다. 거북이는 코끼리에게 밧줄의 다른 쪽을 주면서 말했다.

"내가 '시작!'이라고 말하면 잡아당겨. 그러면 너는 우리 중 누가 더 힘이 센지 알게 될 거야."

거북이는 고개 중턱에 가서 숨어서 "시작!"이라고 외쳤다. 코끼리와 하마는 각각 다른 쪽에서 밧줄을 잡아당기기 시작했다. 그러나 아무리 잡아당겨도 그들의 힘은 비등했다. 결국, 둘 다 거북이가 생각했던 것 보다 힘이 세다고 인정했다.

신뢰할 수 없는 상대와는 절대로 내기를 하면 안 된다. 거북이는 양측 모두 온 힘을 다 쓰게 만들었고, 마지막에 결실을 가로채 갔다.

다람쥐와 달팽이

··· 콩고민주공화국 민담

옛날에 달팽이 한 마리가 평소처럼 길을 가고 있었다. 달팽이는 펄쩍펄쩍 뛰어다니는 다람쥐를 만났다.

다람쥐가 한마디 던졌다.

"불쌍한 느림보 같으니! 너는 앞발도 뒷발도 없으니 빨리 달릴 수가 없겠구나."

그러나 달팽이가 대답했다.

"천만에! 나도 달릴 줄 알아. 내일 너와 경주를 하면 내가 이길 거야. 내기해 볼까? 오늘은 단지 천천히 산책을 즐기는 거야."

다람쥐는 달팽이의 도전을 받아들였다. 달팽이는 재빨리 자기 동생을 찾아가서 말했다.

"내일 강가에 가서 숨어 있다가, 어떤 다람쥐가 미친 듯이 달려오는 것을 보면 나타나서 '도착했다!'라고 말해. 너는 그것만 하면 돼."

다음 날 아침, 다람쥐는 달팽이와 경주하기 위해 약속 장소로 갔다. 경주는 그들이 있는 큰 나무에서 강가까지 뛰어갔다가 먼저 돌아오는 쪽이 이기는 것으로 했다.

"하나, 둘, 셋!"

다람쥐가 앞질러 뛰어나갔다. 그렇지만 그가 강가에 도착했을 때 달팽이가 외치는 소리를 들었다.

"됐다! 난 도착했어!"

그래서 다람쥐는 있는 힘껏 달려서 큰 나무로 다시 돌아왔다. 그러나 이번에도 달팽이가 먼저 도착해서 그에게 말하는 것이었다.
"나는 이미 돌아왔어!"
숨이 턱밑에까지 찬 다람쥐는 패배를 인정할 수밖에 없었다.

모든 달팽이는 서로 비슷하게 생겼다. 좋은 형제를 가지고 있다는 것은 아주 유용한 일이다. 당신도 항상 예상치 못한 일에 대비하고 있으시길. 행운이 언제 찾아올지 모르니까!

이 세상 최초의 개
··· 콩고민주공화국 민담

아주 오랜 옛날에, 캄캄할 정도로 그늘이 진 숲의 한복판에서 개가 한 마리 잠을 자고 있었다. 개는 잿더미 위에서 완전히 몸을 웅크리고 느긋하게 자고 있었다. 그는 세상에 처음으로 나온 최초의 개였다. 그 개가 '좋은 개'인지 '나쁜 개'인지는 판단하기 어려웠다. 왜냐하면, 그때 개가 세상에 처음 나와서 한 일이라곤 자는 것뿐이었기 때문이다.

그런데 그곳에 원숭이 한 마리가 왔다. 개를 본 원숭이는 그대로 지나칠 수가 없었다. 원숭이는 나무에서 뛰어 내렸다. 그리고 재빨리 달려와서, 개를 살펴보기 위해서 머리를 기울였다. 원숭이는 개를 한쪽에서 보고, 반대쪽에서도 보았다. 머리도 보고 꼬리도 보았다. 원숭이는 나뭇가지에 거꾸로 매달렸다. 그렇게 하면 개가 다르게 보일까 해서였다. 그러나 그가 본 건 뒤집힌 개의 모습뿐이었다. 원숭이는 개가 무엇인지 몰랐다. 왜냐하면, 그 개는 이 세상 최초의 개였기 때문이다. 원숭이는 생전 처음 보는 이 동물에 대해서 다른 동물들에게 가서 알렸다. 원숭이는 비밀을 간직하고 있을 수 없었기 때문이다.

모든 동물이 개를 보러왔다. 모두가 이 동물을 직접 확인하고 싶었다. 원숭이가 말했다.

"자, 내가 말한 동물이 여기 있어요. 이 동물이 무엇인지 아는 동물 있어요?"

코끼리가 한참 동안을 작은 눈으로 개를 들여다보았다.

"아니야!" 코끼리가 귀를 철썩거리며 말했다.

"코끼리는 아니야! 그건 분명해, 코끼리는 아니야."

"코끼리는 아니라고요?" 원숭이가 말했다.

"고마워요. 큰 도움이 됐어요."

점잖은 오카피가 다음으로 나섰다. 오카피는 눈을 앞뒤로 굴리고 머리를 흔들면서, 자고 있는 개를 보았다. 그리고는 나지막하고 수줍게 말했다.

"미안해, 이건 오카피도 아니고 기린도 아니야."

온몸이 비늘로 덮인 천산갑이 나왔다. 천산갑은 정말 시간이 오래 걸렸다. 어떤 동물들은 천산갑이 매우 현명하다고 했다. 어떤 동물들은 그냥 느린 거라고 했다. 천산갑은 찬찬히 쳐다보았다. 다른 동물들은 그가 무슨 생각을 하는지 알 수가 없었다. 너무 오랫동안 쳐다보고 있는 천산갑이 이상해서 동물들이 와보니 천산갑은 앉아서 잠이 들어있었다.

원숭이는 다시 모든 동물들에게 다가와서 자고 있는 개를 보라고 말했다. 모든 동물이 차례로 개를 훑어보았다. 그러나 모두가 다 자기 종류가 아니라고 했다.

그때 거북이는 나무에 앉아있었다. 사실 거북이는 개에 대해서 모든 것을 알고 있었다. 그는 그곳에 아주 오래전부터 있었기 때문에, 거의 모든 일을 알고 있었다.

"다 물어보았니?" 거북이가 아래를 보고 소리쳤다.

"이제 다 물어보았어요. 이 일은 정말이지…" 원숭이가 대답했다.

"우리는 아직도 이 동물이 무엇인지 몰라요."

"그 동물에게 적당한 이름을 붙이는 게 좋겠구나." 거북이가 조용하면서도 분명하게 말했다.

"내가 그 동물을 '개'라고 부를 것을 제안하지. 내가 보기에는 저 동물은 정말 '개'처럼 생겼거든."

자기 이름을 크게 부르는 소리를 듣고 개가 깨어났다. 단잠에서 깬 개는 화가 났다. 그는 큰 눈을 부라리면서 주위의 동물들을 둘러보았다.

"누가 여기 와서 나를 깨웠느냐? 상관없다. 너희들 모두를 잡아버리겠다."

그리고 개는 큰 이빨을 드러내며 컹컹거리면서 동물들에게 달려들었다. 모든 동물이 도망쳤다. 개는 동물들 뒤를 죽일 듯이 쫓아갔다.

오직 거북이만이 도망가지 않았다. 그는 웃으면서 머리를 껍질 속으로 집어넣을 뿐이었다.

"너는 결코 나를 잡지 못한다, 개야. 그렇지만 오늘부터 너는 네 눈에 보이는 모든 동물을 쫓아다니게 될 거다." 거북이가 말했다.

그날 밤, 원숭이는 새 노래를 지었다.

이제 나는…
알게 되었네. 어째서
당신이 잠자는 개를 내버려 두라 했는지.
그렇지만, 이제 늦어버렸다네.

아·프·리·카·의·신·화·와·전·설

제 7 장
차드 신화와 전설

완투 수의 북

··· 차드 신화

하늘에 살고 있던 최고신 '완투 수'는 그의 조카인 '완투'에게 그가 하늘에서 가지고 있던 것 중 일부를 담은 북을 주었다. 완투는 완투 수의 선물을 인간에게 전해 주기로 했다. 완투는 지구로 내려올 때마다 북을 쳐서 인간들에게 자신의 도착을 알렸다. 그런데 완투가 지구로 내려가기 위해 천국에서 밧줄을 드리우고 있을 때, 수탉이 갑자기 북을 쳤다. 깜짝 놀란 완투는 북을 떨어뜨리고 말았다. 북은 지구에 떨어져서 박살이 났고, 그 안에 있던 동물들과 물고기들, 그리고 식물들이 전 세계에 뿌려졌다.

동물들의 평화조약

··· 차드 민담

어느 날, 마을에 사는 가축들과 숲에 사는 동물들이 서로 끝없이 싸우는 것에 지쳐서, 싸움을 그치고 서로 죽이지 않기로 하는 평화조약을 맺기로 했다. 동물들은 이제부터 모두가 형제로 살고, 공동의 적인 인간에게 힘을 합쳐 맞서기로 했다. 인간은 분명히 힘이 없는 존재인데, 신이 그들에게 무서운 도구들을 주어서, 어떤 동물들에게는 주인으로 군림했고, 어떤 동물들에게는 섬김을 받고 있었다. 그들은 때로는 재미로 다른 동물들을 학대했고, 때로는 자신들이 먹기 위해서 동물들을 죽였다. 게다가 가축들은 인간의 노예가 되기 전에 원래 정글에서 살지 않았던가? 이 좋은 소식을 전하기 위해서 밀사들이 분주히 돌아다녔다. 그리하여 화해와 화합의 분위기가 무르익었다.

마침내 동물들은 평화조약을 축하하는 축제를 열기로 했다. 축제장은 숲 가장자리에 있는, 경작하지 않는 농장 근처에 있는 잘 정돈된 넓은 장소였다. 어느 날 저녁, 모든 크고 작은 동물들이 모였다. 마을에 사는 가축들, 수풀이나 나무에 사는 동물들, 굴에 사는 동물들, 물에 사는 동물들, 또 날아다니는 동물들, 두 발이나 네 발로 걷거나 달리는 동물들, 기어 다니는 동물들, 자신의 동족들의 사나움이나 인간의 공격으로 희생양이 되어 불구가 된 동물들까지 모두 모였다. 한마디로 그동안 적이었던 모든 동물들이 평화조약에 확실하게 서명하기 위해서 모인 것이다.

그렇게 해서 축제장에는 엄청나게 많은 동물들이 빽빽하게 모이게 되었다. 동물들은 서로 축하의 말을 했고, 서로 우애 있게 악수를 했다. 사자, 코끼리, 물소, 황소, 낙타 그리고 다른 여러 유명한 동물들이 돌아가면서 축사를 했고, 단결의 목적에 대해서 흥분한 어조로 설명했다. 그들의 말이 끝나자, 축제장은 기쁨으로 가득 찼다. 동물들은 열렬하게 환호했다.

  행사가 끝나자 아주 매력적인 음악에 맞춰서 춤이 시작됐다. 연주자들은 원숭이, 긴 귀를 가진 토끼, 온몸을 바늘로 감싸고 있는 고슴도치, 긴 주둥이를 가진 자칼 등이었고, 다른 명연주자들도 탐탐(북)이나 발라폰(뿔나팔), 피리 등을 연주하면서 경쟁하듯 재주를 뽐냈다. 곧 축제장에 열기가 가득 찼다. 뛰어난 무용수인 타조, 기린, 말들은 큰 환호를 받았다. 조물주가 재단을 잘못해서 엄청나게 큰 덩치를 가지게 된 하마는 우스꽝스러운 몸짓으로 참석자들을 즐겁게 해주느라고 아무것도 먹지 못했다.

  이들의 춤이 끝나자 염소가 경솔하게 무대 위로 뛰어올랐다. 염소가 서투르게 춤을 추자 분위기가 어수선해졌다. 격언에 말하는 것처럼 '개가 보는 뼈다귀를 염소는 보지 못하는 법이다.' 하이에나는 염소를 보자, 잡아먹고 싶은 욕구가 솟아올랐다. 염소를 계속 지켜보던 하이에나는 염소의 옆으로 자리를 옮겨서 그에게 감탄하는 척하면서 추파를 던졌고, 염소는 그 추파를 피하지 않았다. 마침내 더 이상 자제하지 못하고, 하이에나는 갑자기 염소에게 달려들어서 목덜미를 물고 무대 밖으로 끌어내려 했다. 염소는 비명을 질렀고, 동물들은 서둘러서 하이에나에게서 염소를 빼냈다. 하이에나는 입술을 핥기 시작했다. 동물들 사이에서 혼란과 패닉이 일어났다. 표범이 그 틈을 타서 양을 공격했고, 곧이어 적대적이었던 동물들 사이에서 싸움이 벌어졌다.

조직위원회의 위원들이 질서를 찾기 위해서 애썼지만 헛일이었다. 사자가 황소의 눈 한쪽을 뽑아버렸고, 황소는 사자의 한쪽 눈을 터트려버렸다. 싸움이 점점 크게 번져서 사방으로 도망가는 동물들로 행사장은 난장판이 되었다. 가축들은 본능적으로 마을 쪽으로 도망쳤고, 맹수들이 그들을 뒤쫓았다. 순식간에 공격하는 소리, 치열한 싸움 소리, 고통에 신음하는 소리로 가득 찼다. 동물들의 소리에 놀란 사람들이 무기를 들고 집에서 나왔다. 총들이 발사되었고, 화살들이 날아갔다. 겁을 먹은 야생동물들은, 죽거나 다친 동물들을 내버려 둔 채로, 허겁지겁 수풀로 도망쳤다.

이렇게 동물들의 평화조약은 실패로 끝났다. 평화란 관용과 상호 양보, 상호 중재와 과거의 증오를 잊어버릴 때 가능한 것이다. 동물들은 비싼 값을 치르고 그것을 배운 셈이다.

  － 교훈 : 평화와 화합은 단순한 말로 이루어지는 것이 아니다. 무엇보다 행동이 따라야 한다.

코끼리와 사냥꾼

··· 차드 전설

옛날에 한 사냥꾼이 사냥을 나갔다가 코끼리 가죽을 발견했다. 아마도 어떤 코끼리가 잠시 벗어 놓은 것 같았다. 사냥꾼은 재빨리 가죽을 아무도 모르는 곳에 숨겼다. 잠시 후 사냥꾼이 가죽을 숨기고 돌아와 보니, 그곳에서 한 젊은 여인이 울고 있었다. 그녀는 덩치가 컸지만, 매우 사랑스러운 여자였다. 사냥꾼을 보자 그녀는 자신이 옷을 잃어버렸다고 말하면서, 혹시 자기 옷을 못 보았느냐고 물었다. 사냥꾼은 모르겠노라고 대답하고, 자기와 결혼하면 새 옷을 사주겠다고 말했다. 여자는 사냥꾼의 제안에 동의했고, 둘은 결혼하여 부부가 되었다.

몇 해 동안, 그들은 많은 아이를 낳고 행복하게 살았다. 그러나 어느 날, 아내는 남편이 숨겨둔 코끼리 가죽을 발견했다. 그녀는 그것을 입고 코끼리가 되어 다시 숲으로 돌아갔다. 그 사실을 알게 된 사냥꾼이 허겁지겁 숲으로 가보았지만, 어느 코끼리가 자신의 아내인지 알 수 없었다. 결국, 사냥꾼은 울면서 돌아올 수밖에 없었다.

코끼리 아내와의 사이에서 태어난 그의 아들들은 계속 번성해서, 한 부족의 조상들이 되었다. 그 부족은 지금도 코끼리를 토템으로 섬긴다.

하이에나, 원숭이, 산토끼

··· 차드 민담

어느 날, 하이에나가 우물에 빠졌다. 원숭이가 근처를 가다가, 하이에나가 외치는 소리를 들었다.

"형제여, 나 좀 도와주게. 나 좀 꺼내줘!"

원숭이는 우물 안으로 자신의 꼬리를 늘어트렸고, 하이에나는 그것을 잡고 우물에서 나왔다. 하이에나가 원숭이에게 말했다.

"형제여, 나 좀 들어서 집으로 좀 데려다줘."

원숭이는 하이에나를 들고 집에 데려다줬다.

하이에나는 배가 고팠다. 그래서 하이에나는 갑자기 원숭이를 잡아먹으려 덮쳤다. 그러나 원숭이는 재빨리 피했다. 원숭이와 하이에나는 서로 싸우기 시작했다.

산토끼가 지나가다가 원숭이의 비명을 들었다. 토끼는 달려와서 왜 싸우느냐고 물었다. 원숭이는 토끼에게 모든 것을 다 설명해주었다. 그러자 토끼가 원숭이에게 물었다.

"너는 하이에나를 들 수 있니?"

"그럼 하이에나를 들 수 있지." 원숭이가 말했다.

그러자 토끼가 원숭이에게 말했다.

"하이에나를 우물에 들고 가."

원숭이는 하이에나를 들고 우물로 갔다.

"하이에나가 어떻게 있었지?" 토끼가 물었다.

"이렇게 있었지."

원숭이는 하이에나를 우물 안에 던져 넣었다. 그러자 토끼가 원숭이에게 말했다.

"그를 우물 안에 내버려 둬."

토끼와 원숭이는 집으로 돌아왔다. 하이에나는 우물 안에서 굶어 죽었다.

자칼과 개의 이야기
··· 차드 전설

 옛사람들의 말에 의하면, 옛날에 자칼과 개는 그들의 아이들과 같이 숲에서 같이 살았다. 그러던 어느 해인가 너무도 추운 겨울이 찾아와서, 그들은 아이들과 얼어 죽을 지경이 되었다. 그러자 자칼이 개에게 물었다.
 "지금, 우리가 어디에서 몸을 덥힐 불을 찾을 수 있을까?"
 "저기 좀 봐. 저기 한 남자가 불을 피우고 있어. 내가 우리가 몸을 덥힐 불을 구하러 가볼게." 개가 말했다.
 개는 몸을 덥히고 있는 남자를 찾아갔다. 남자가 개에게 물었다.
 "너는 어디에서 오는 것이냐?"
 "우리는 얼어 죽을 지경입니다. 몸을 덥힐 불을 좀 구하러 왔습니다." 개가 대답했다.
 "불을 가져가기 전에 몸을 좀 덥히려무나. 그러고 나서 가거라." 남자가 말했다.
 그래서 개는 입을 높이 쳐들고 불을 쬐기 시작했다. 개는 털이 다 타버릴 정도로 불을 쬐었다. 온몸이 다 마르고 오직 코만이 아직 축축한 상태였다. 그러는 동안 남자의 아내가 개에게 먹을 것을 주었다. 그들은 다 같이 잘 먹었다. 개는 뼈까지 남김없이 먹었다. 그러면서 개는 자신이 불을 가지러 왔다는 사실을 잊어버렸다. 그동안 자칼은 아이들과 함께 추위에 떨고 있었다. 자칼은 몸을 덥힐 수 있게 불을 가져오라고 계속 개를 불렀다.

"조금만 기다려. 내 코만 다 마르면 숲으로 갈게." 개가 자칼에게 말했다.

그러나 개는 자기 코를 절대로 마르지 하지 않았다. 개는 자칼과 아이들을 버린 것이다. 개는 남자를 따라서 인간의 마을로 갔다. 개가 오늘날까지 축축한 코를 가지고 있는 것은 바로 이러한 사정 때문이다. 개의 코가 마를 때는 죽었을 때뿐이다. 자칼이 우는 것은 개를 부르는 소리이다. 개가 그 소리를 듣고 짖는 것은, 자기 코가 마르면 돌아가겠다고 대답하는 것이다.

아프리카의 신화와 전설 - 중부 아프리카편

초판인쇄 2017년 6월 15일
초판발행 2017년 6월 20일

편　　역 홍명희
펴 낸 이 신성길
펴 낸 곳 도서출판 **디 시 링**
주　　소 서울시 동작구 사당로8길(상도동)
전　　화 02)812-3694
홈페이지 www.jin3.co.kr
등록번호 1999.5.24. 제17-287호

ISBN 978-89-97756-29-2 94930
　　　978-89-97756-19-3 94930 (세트)

값 18,000원
ⓒ 2017